MA MAUVAISE RÉPUTATION

MOURAD BOUDJELLAL
avec Arnaud Ramsay

MA MAUVAISE RÉPUTATION

Éditions de La Martinière

ISBN : 978-2- 7324-5519-8

Connectez-vous sur :
www.lamartinieregroupe.com
Dépôt légal : mai 2013

À Alya, celle pour qui le père n'est pas éditeur, mais président de club...

M. B.

À mon père, ce battant, que j'aime

A. R.

Avant-propos

Les mouettes tournoient dans le ciel, se frôlent et lâchent leur petit cri aigu. Pas de quoi bouleverser la concentration de la légende Jonny Wilkinson. Sur la terre ferme, l'auteur du drop décisif contre l'Australie en finale de la Coupe du monde 2003 peaufine, encore et toujours, son jeu au pied. Seul, au soleil couchant. Ses partenaires du Rugby Club Toulonnais (RCT) sont partis depuis que Bernard Laporte a sifflé la fin de la séance. Perfectionniste à tendance maniaque, l'ouvreur anglais anobli par la reine prolonge l'entraînement entre les poteaux. Au cœur du Tournoi des Six Nations, il a prévenu son président qu'il resterait une saison de plus sur la Rade. L'annonce ne sera officielle que de longues semaines plus tard[1]. Tandis que Wilkinson, dans sa position si reconnaissable, enquille les tentatives sur la pelouse du stade Ange-Siccardi, à Berg, Mourad Boudjellal l'observe depuis la fenêtre de son bureau. « Si ça se trouve, on remportera le Top 14 sur une pénalité de Jonny à la dernière seconde », lâche-t-il, un rictus au coin des lèvres. La quête du Brennus vire à l'obsession. Jusque-là, la formation toulonnaise dispute un championnat idéal. Le vilain garnement au sourire espiègle et enfantin ne jubile pas encore. Mais son rêve d'adulte se rapproche.

1. Dans une interview au *Times* du 30 mars 2013.

Nous sommes en février 2013, enregistrement de la troisième et dernière session d'entretiens, étalés sur quatre mois. Comme d'habitude, le débit est torrentiel, la mémoire intacte et précise, le sens du récit et de la formule implacable. Le cerveau mouline à toute berzingue et il ne perd jamais le fil de sa pensée, en dépit d'apartés avec son directeur général ou son responsable juridique, des interviews distribuées, des réunions avec Laporte pour rencontrer un joueur en vue de la saison prochaine, des échanges téléphoniques avec Jacky Lorenzetti, président du Racing-Métro, ou Pierre-Yves Revol, l'ancien patron de la Ligue nationale de rugby (LNR) ; sans oublier le plaisir de tendre l'oreille pour écouter les directives ludiques de Tiburce Darou, le nouveau préparateur physique. « Ce livre va me permettre de mesurer si ma vie est suffisamment intéressante. À défaut d'une psychothérapie, ce sera une façon de recevoir des critiques sur le film de mon existence », avait-il lancé.

Le vouvoiement sera de mise. Mourad Boudjellal, ambitieux qui s'assume, décomplexé par rapport à l'argent qu'il gagne et dépense – car conscient qu'il s'agit d'un moyen et non d'une valeur –, et client rêvé pour les journalistes – disponible même si constamment occupé, avec toujours la repartie qui attise volontiers la polémique –, s'est paradoxalement peu dévoilé jusque-là. C'est l'occasion. Sa femme, Linda, en charge des produits dérivés du RCT, n'est pas mécontente. « Comme il intériorise beaucoup, ça va lui faire du bien », a-t-elle glissé. Le président-propriétaire, qui triture sans cesse ses deux téléphones portables, chausse et retire ses lunettes, ne doit pas être réduit à la grande gueule de l'Ovalie, à l'homme qui assure le spectacle, transformant comme José Mourinho les rendez-vous avec les médias en champ de bataille, électrisant l'ambiance pour mieux protéger ses joueurs. Il est aussi capable, en toute discrétion, de prendre la plume pour s'excuser auprès de son homologue en colère de Lannemezan, commune des Hautes-Pyrénées traitée dans un article par le centre varois Mathieu Bastareaud de « trou du cul du monde », joignant à son courrier un maillot des Rouge et Noir. Et, cinq fois par semaine, avant un déjeuner léger au RCT Café, sa brasserie place Besagne, il ne déroge pas au rituel : rendre visite à sa maman, Zakia.

Le dialogue entre nous s'est noué entre les quatre murs de son espace, au siège du club, où figurent des portraits des grands anciens et la houppette du souriant Félix Mayol. Le lieu lui ressemble : sur un cintre la veste noire coudières rouges aux couleurs du club portée les jours de matchs suivis au bord de la pelouse ; au mur une photographie du *greatest* Mohamed Ali et un article du *Figaro littéraire* où il pose aux côtés d'Antoine Gallimard ; sur le bureau une figurine de Spider-Man, une autre de Rahan, un Alph'Art, trophée récolté en 2000 au festival de la BD d'Angoulême offert par Didier Tarquin, le dessinateur de la série *Lanfeust*. Accrochées aussi, une dizaine de planches dédicacées sous cadre. On reconnaît le trait de son frère aîné Farid ou un extrait d'*Astérix* croqué par ses amis, qu'il a édité avec la bienveillance d'Uderzo. Au-dessus de l'ordinateur, il a scotché une parodie de *L'Équipe Mag*, publiée au moment de la sortie de *La Vérité si je mens 3*, l'hebdomadaire s'étant amusé à revisiter le casting en lui confiant tous les rôles de cette comédie...

Superstitieux, pointilleux, bosseur, ponctuel, épicurien – la Pro D2, puis le Top 14 ont été l'occasion de plusieurs étoilés avec sa femme –, en conflit avec le sommeil – synonyme pour lui de mort –, pressé – et notamment en voiture –, amateur de voyages et des aéroports internationaux – il arrive en avance et contemple le ballet des départs et des arrivées, imaginant la trajectoire des uns et des autres qui ne font que se croiser –, athlétique – il court tous les matins dans sa salle de sport –,

Mourad Boudjellal a l'art de l'essentiel. Il rigole également beaucoup, aux éclats, tant pour lui l'existence est un jeu à ne pas trop prendre au sérieux. Le gamin de la rue Baudin, dans le quartier Chicago de Toulon, est du genre à vous dire : « Les Caraïbes me fascinent, j'ai dû anciennement être pirate » ; « si mon histoire devient un film, je ne vois que Brad Pitt pour jouer mon rôle » ; ou encore « et si on appelait le livre *Le Président mégalo* ? ». Fasciné par les États-Unis – il est allé des dizaines de fois à Miami –, le pays de tous les possibles, son destin ressemble à une *success story*, de la basse ville de Toulon à la piscine du Beverly Hills Hotel, d'Angoulême au Stade de France. « Le plus important n'est pas l'endroit où l'on se trouve, mais le chemin accompli depuis la naissance. Je n'ai pas oublié les moments où je partageais une bouteille de Fanta à quatre avec mes sœurs et mon frère », résume-t-il.

Il voit la vie en couleurs et sait matérialiser ses aspirations, lui qui ne s'interdit rien. Mourad, en arabe, signifie « qui est désiré de Dieu ». De l'origine de son prénom, il n'a cure. Pourtant, en scrutant les traits de caractère qui lui sont accolés, certains frappent les esprits. « Fiers et orgueilleux, ce sont des hommes qui cultivent leur distance. Esprits très critiques, à l'humour décapant, ils aiment dominer et commander ; leur autorité naturelle les y aide. Intelligents, travailleurs opiniâtres, leur capacité d'adaptation est grande ; d'ailleurs ils aiment que ça bouge. Ce sont des anticonformistes avec un petit côté de fantaisie. Ils désirent conquérir, posséder et savent user, sinon abuser, de leur magnétisme. Ils aiment les exercices physiques, le sport et l'action, lesquels sont nécessaires à leur équilibre », lit-on ainsi dans un dictionnaire des prénoms. Étonnant. Ou encore : « Il est facilement ombrageux, susceptible et agressif, particulièrement lorsqu'il ne maîtrise pas la situation. Rapide et souvent pressé, il est impulsif et irritable » ; « strict, autoritaire, loyal, franc et direct, il a horreur des faux-semblants, des mensonges, de la flatterie », « ne sera pas vraiment tenté par les études longues, car son besoin d'action et de réalisation est précoce » ; mais aussi : « Ne vous y trompez pas, Mourad est un tendre, au fond. »

La musique, souvent, résonne dans son bureau. Le matin, en arrivant, pour lancer sa journée, il aime faire grimper les décibels, lançant sur Internet un clip de U2, de BB King, de Status Quo ou de Compay Segundo. « Mandela Day » de Simple Minds et « Unis vers l'uni » de Michel Jonasz appartiennent aussi à son panthéon. Il ne laisse à personne le soin de s'occuper de la programmation de Mayol. Mais il n'y diffuse pas son morceau fétiche autant que porte-bonheur : « You keep me hangin'on », par Kim Wilde. Souvenir de la blonde chanteuse anglaise, vue sur scène dans les années 1980 durant l'enregistrement de l'émission *Ambitions* de Bernard Tapie. « C'est en écoutant ce morceau que j'ai décidé de me lancer, il m'a envoyé des ondes positives et, depuis, m'accompagne », évoque-t-il. Avant un rendez-vous avec son banquier, il se plongeait dans Charles Aznavour, de « Je m'voyais déjà » aux « Émigrants », convaincu au contraire que mettre Édith Piaf était annonciateur de malheurs. Chacun sa méthode. « Chez Soleil, quand je faisais les comptes, je mettais le son à fond et je fermais la porte. Cela signifiait qu'il ne fallait pas me déranger », dit-il.

Rien n'est anodin chez lui, notamment les messages glissés au stade avant les matchs, témoignage que sa culture n'est pas celle du Sud-Ouest, qui irrigue le rugby, mais un mélange de télévision, de BD, de cinéma et de rock'n'roll. Il se régale des messages subliminaux diffusés, comme ce « Chant des partisans » lancé une semaine de grève nationale, ou ce « Bons baisers de Russie ! » sous une photo de Gérard Depardieu ! Alors que l'élection de François Hollande était quasiment actée, il avait hésité, pour saluer le retour de la gauche, à faire cracher dans les enceintes le morceau « Tonton », de Renaud. « Je n'ai pas osé, le RCT doit être apolitique, sauf exception », confie-t-il. Le 9 mars 2013, au lendemain de la journée internationale des droits des femmes, en préambule d'un large succès contre Biarritz, il a ajouté une nouvelle facétie à son répertoire : faire apparaître sur les écrans géants de Mayol le portrait de Dominique Strauss-Kahn avec, en sous-titre, « Bonne fête à toutes » ! Certains se sont offusqués de cette provocation, lui qui a plutôt de la tendresse pour DSK. « Quand je pense à un truc amusant, je ne me soucie pas beaucoup de l'avis des cons, a-t-il expliqué à *La Provence*. Sinon je ne ferais rien. Accessoirement, quand j'arrive à choquer un peu les cons, j'ai réussi ce que je voulais faire. »

Sa philosophie tient aussi dans cette confession pendant la réalisation de l'ouvrage : « Je ne conçois pas que l'on puisse vivre les choses de façon tiède. » Parce que Toulon. Parce que Mourad Boudjellal.

Arnaud Ramsay, mars 2013

1

Président énervant

Le jour où je meurs, j'ai imposé une seule chose au Rugby Club Toulonnais en guise d'hommage : que l'on respecte, avant le coup d'envoi au stade Mayol, deux minutes de silence. Non pas car je suis le personnage le plus important de l'équipe. Mais, parce que deux minutes, c'est vraiment chiant ! Ce serait ma dernière façon d'emmerder le monde du rugby, et autant le faire jusqu'au bout. Vraiment, j'ai exigé ces deux minutes. Je suis un président énervant. C'est inscrit dans mon caractère. Et ça me plaît. Dans la bande dessinée comme dans le rugby, j'ai établi mes propres règles, esquissé moi-même les contours de leurs limites. Si j'ai en tête une bonne formule, quand bien même elle n'est pas totalement justifiée, je dégaine, quitte à m'excuser ensuite. Prêt à tuer pour un bon mot ? Presque. Il ne faut pas m'en vouloir. En gardant le silence alors que ça me brûle les lèvres, j'aurais l'impression que cela serait perçu comme une lacune d'intelligence. Après tout, ce ne sont que des mots, pas des actes.

Beaucoup seraient surpris de constater, si demain mon sport devait partir en guerre, par l'énergie que je déploierais pour le défendre, y compris en protégeant la Ligue nationale et la Fédération française de rugby (FFR), avec qui j'ai connu de nombreux échanges aigres-doux. Malgré tout le mal prononcé sur ces institutions, je serais l'un de ses plus virulents soutiens.

Je suis aussi capable de critiquer mes amis, justement parce que ce sont mes amis. Prenez Christophe Arleston, auteur de *Lanfeust de Troy*, la série d'heroic fantasy que j'ai publiée chez Soleil Productions, avec plus de six millions d'albums vendus dans le monde. Il a beau être comme un frère pour moi, je peux l'égratigner durant tout un dîner, au grand étonnement de ma femme. Mais si d'autres s'attaquent à lui, je sors les griffes : je ne les autorise pas à en dire du mal !

Il y a la forme et le fond. Si je n'emploie pas une certaine forme, on ne retient pas le fond. Je ne cherche pas à provoquer, je ne joue pas un rôle. J'assume d'être un président-supporter. Cela ne me dérange pas de parler comme si j'étais au bar avec nos fans. Par exemple, lorsque le RCT a été battu par Clermont en janvier 2012, j'aurais pu raconter que l'arbitrage ne s'était pas montré à la hauteur, qu'il avait une fois de plus choisi son vainqueur. Cela a déjà été dit des centaines de fois, ça aurait fait « pschitt ». Je ne suis pas fabriqué dans le même moule que les autres du monde du rugby, de par ma culture et mes origines. Les mots sont des concepts. Ce n'est pas ça, la grossièreté. Je ne voulais pas choquer. Pourtant, c'est ce qui s'est produit après que j'ai dénoncé une « sodomie arbitrale ». Soudoyer l'arbitre est bien plus sale que ce que j'ai pu dire. Ce sont les attitudes qui sont vulgaires. Je n'y peux rien si, depuis un an, d'après l'institut Médiamétrie, qui mesure tous les six mois la cote de popularité des clubs, le RCT devance tous les autres. La saison dernière, nous avons été diffusés dix-sept fois en direct sur Canal + : le record. Les gens en ont assez des personnes inodores, à l'image de ces hommes politiques qui ont tué le pays à force de discours lénifiants, garantis « zéro prise de risque ». Je ne suis pas prétentieux, juste ambitieux. Et peut-être un peu prétentieux quand même...

Dans ses réactions, Bernard Laporte, notre entraîneur, peut se montrer plus violent que moi, moins nuancé. Parfois, il me fait peur ! C'est un sniper. Moi, je réplique quand on m'attaque. Ou j'use du second degré. Comparé au PSG à la lueur de notre effectif et de nos moyens, j'avais répondu à *Sud Ouest* en début de saison : « Nous n'avons aucun problème d'argent et nous ne regardons pas à la dépense. On est d'ailleurs en train de refaire le parking du stade Mayol pour que les joueurs puissent garer leurs Cadillac. On paye également deux vigiles à l'entrée des vestiaires, parce qu'une fois que les joueurs ont posé leurs montres et leurs affaires, il y a 35 kg d'or dans les vestiaires. Il y a deux endroits comme ça dans le monde : Rodeo Drive à Los Angeles et Mayol à Toulon. Mayol, c'est Beverly Hills. Cartier compte même ouvrir une boutique, parce que nos supporters sont riches aussi »... Telle est ma méthode.

Au cours de ce même entretien, j'avais été interrogé sur la sortie d'André Boniface[1]. L'ancien trois-quarts centre international, 78 ans, venait de sévèrement critiquer notre jeu. J'avais rétorqué sur le mode de l'humour : « Nous, on a créé une économie. On crée de l'audience à la télé, on crée de la billetterie pour les équipes qui nous reçoivent, on crée de l'impôt. J'ai entendu ce qu'a dit Boniface, alors j'ai revu un match de son époque en noir et blanc. Ça jouait tellement au ralenti que j'ai cru que mon lecteur DVD avait un problème. » Bernard Laporte s'était montré nettement plus cinglant. Après un large succès face à Bordeaux-Bègles,

1. Boniface, symbole du French Flair, avait critiqué le 1er septembre 2012 sur Canal +, à la mi-temps de Mont-de-Marsan-Toulon, une « équipe de milliardaires qui ne prouve rien du tout ». Dans *L'Équipe*, il en avait rajouté : « Je me suis emmerdé pendant quarante minutes. J'ai trouvé les Toulonnais d'une tristesse désolante. »

il l'avait allumé en conférence[1]. Pour apaiser les tensions, j'avais invité Boniface à venir à Mayol un jour de match. Il avait le droit de nous critiquer, pas celui de donner une image caricaturale du club et de verser dans le mensonge. Son look était amusant, j'ai joué sur ce contraste, ce n'était pas méchant. Jamais je ne me serais permis de l'attaquer sur son âge, d'autant que ma maman a le même âge que lui. C'est pourquoi j'ai trouvé détestable que *Midi Olympique* invente un propos, mettant dans ma bouche que, lorsqu'il passerait par Mayol, nous lui fournirions un fauteuil roulant afin qu'il s'installe au bord du terrain. Il s'agit d'un procédé d'un autre temps, d'un autre régime.

Le *Midol* est un bel outil mais un journal poussiéreux, qui repose sur le concept suivant : citer le maximum de joueurs, entraîneurs et dirigeants, dans l'espoir qu'ils l'achètent ! À son directeur de la rédaction, auteur d'une biographie d'André Boniface et qui tartine de façon indécente son magazine de publicité sur ses propres bouquins, je pourrais dire, comme François Mitterrand à Valéry Giscard d'Estaing en 1981 lors du débat présidentiel de l'entre-deux-tours : « Vous avez tendance un peu à reprendre le refrain d'il y a sept ans, l'homme du passé. Il est quand même ennuyeux que vous soyez devenu, vous, dans l'intervalle, l'homme du passif. » Le *Midol*, qui a titré un jour sur moi « Attention fada », sans point d'interrogation... Il y a aussi, et on ne le dit pas, des conflits d'intérêts : Pierre Fabre, fondateur du troisième laboratoire français et président du Castres Olympique, a des parts au sein du *Midi Olympique*. Le *Midol*,

1. Laporte : « C'est marrant, parce que j'ai reçu vingt textos d'anciens joueurs de Béziers et d'autres clubs qui me disent : "C'est merveilleux, [il] fermera sa gueule." Maintenant, si on donne du pouvoir à Boniface, qui a tout manqué dans sa vie, alors où on va ? Dans ce cas-là, demain, je vais dire à Hollande ce qu'il faut faire ! »

via son agence Ovalie Communication, s'occupe de la régie publicitaire du club de Biarritz. Le titre fournit aussi des prestations auprès des partenaires de l'équipe de France, liées à l'accueil et l'hospitalité. Et puis le *Midol* fait partie du groupe *La Dépêche*, basé à Toulouse, dont le PDG est l'ancien ministre Jean-Michel Baylet, président du Parti radical de gauche et sénateur du Tarn-et-Garonne. De toute façon, quand *Midi Olympique* dit du bien de vous, c'est le début des emmerdes ! Dès que le journal explique pourquoi nous allons gagner, le RCT s'incline ! *L'Équipe* est un quotidien de très bonne qualité, et qui se mouille davantage. C'est l'organe le plus contestataire, malgré des amitiés naturelles quoique pas toujours mentionnées comme telles, et ses journalistes ont un vrai talent de plume.

Il est donné de moi dans les médias l'image d'un méchant. Pourtant je suis vraiment un gentil. Je suis même totalement inoffensif. J'extériorise simplement ce que certains intériorisent. Je ne me reconnais pas toujours dans les portraits dressés, notamment par la presse étrangère. Les Anglais, par exemple, m'appellent *money bag*, sac d'argent. C'est réducteur.

Je ne manie pas la langue de bois. Quand je l'utilise, personne n'y croit. Et, quand je dis du bien, on me le reproche en affirmant que je rentre dans le système ! Si j'assure que j'aime beaucoup et respecte Thomas Savare, le patron du Stade Français, c'est une réalité. Vraiment, je l'aime bien, je me mets souvent en réunion à côté de lui, à la Ligue. Il est humble, bosseur, ce n'est pas qu'un « fils de ». Certes, il a eu droit à une saillie de ma part, mais c'est parce que je n'ai pas pu m'en empêcher. Le ton était monté autour du match contre le Stade Français, reçu à Mayol le 1er novembre 2012. J'avais lâché à propos de leur président : « C'est vrai qu'il fait juste partie des cinquante plus grandes fortunes de

France[1], qu'il a un jet privé et a injecté 20 millions d'euros dans le club en deux ans, sinon le Stade Français serait en Fédérale 12. Je crois qu'il faut faire preuve de pudeur quand on a les moyens du Stade Français. Moi aussi, j'ai investi de l'argent, mais la différence, c'est que j'ai investi l'argent de mes enfants et lui celui de ses parents. »

Je n'avais pas préparé cette tirade, elle m'est venue comme ça. J'ai un esprit qui cherche la vérité et accouche de ce genre de formules. L'une d'entre elles m'a d'ailleurs fait gagner une procédure et avait épaté mon avocat. Patron de la maison d'édition Soleil Productions, en litige avec Hachette, j'avais réglé mon différend au tribunal de commerce. Au moment du référé, le juge m'avait sondé pour savoir si j'avais quelque chose à ajouter. J'avais alors improvisé : « Monsieur le président, la peine de mort a été abolie en matière pénale. Je vous demande de ne pas me l'appliquer en matière commerciale. » Et j'avais gagné. Parfois, j'ai conscience d'abuser de certaines tournures, dont j'aurais pu m'abstenir. Mais je sais ce qu'attendent les journalistes. Et comme je suis un gentil garçon…

Quand le RCT est attaqué, je n'ai aucun état d'âme à utiliser l'« arme chimique ». En l'occurrence, Richard Pool-Jones avait tiré le premier. Le matin du match, le directeur sportif du Stade Français[2], que j'apprécie plutôt, avait jugé Toulon en expliquant qu'ouvrir le chéquier pour contribuer à l'inflation des salaires n'était pas son genre, que lui essayait de créer une ambiance club plutôt que de faire venir des stars. Dans ce domaine, nous n'avions pas de leçon à recevoir de la part du Stade Français. En découvrant ses propos dans *L'Équipe*,

1. Thomas Savare, 45 ans, est le fils de Jean-Pierre Savare, fondateur d'Oberthur Technologies, spécialisé dans la conception et la fabrication de carte à puces et l'impression de documents fiduciaires, implanté dans 37 pays.

2. Fin mars 2013, il a quitté ses fonctions pour redevenir vice-président du conseil d'administration du Stade Français.

j'étais allé le voir sur la pelouse avant la rencontre. Le dialogue s'était engagé. Je lui avais glissé qu'il avait voulu faire le beau mais que, maintenant, nous allions jouer intellect contre intellect. Il m'a de nouveau reproché la politique du portefeuille qui faisait gonfler le prix des transferts, ce à quoi j'ai répliqué : « Mais non, les gros clubs fabriquent l'économie du rugby. Ce sont ces transferts qui font avancer notre sport, créant des charges et des produits. Et, normalement, les produits doivent être plus forts que les charges. » Il s'est défendu de ce côté systématique, j'ai argumenté que ça ne fonctionnait pas uniquement chez les mauvais. Le débat était agité mais dénué d'agressivité, en tout cas intéressant.

Pool-Jones a soudainement abrégé la conversation, disparaissant du paysage en décrochant son téléphone puis s'éloignant, sans que je ne sache si ce coup de fil était inventé. Je ne l'ai pas revu. Il a refusé l'affrontement. C'est pourquoi j'ai terminé le travail en conférence de presse après la victoire, égratignant Thomas Savare car je préfère m'adresser directement au président. Il ne l'a pas mal pris. La preuve : quand je l'ai croisé, Thomas s'est excusé en glissant avec humour qu'il était en train de dilapider l'argent de ses parents ! C'est un garçon brillant.

Pool-Jones, lui, s'est fait taper sur les doigts : il avait demandé à ses joueurs de ne pas commettre d'écarts de langage et c'est lui qui avait craqué, nous comparant aussi sur le plan du jeu à une équipe frustre. Pool-Jones, hélas pour lui, n'aura jamais la culture et le vécu d'un Max Guazzini, qui a dirigé avec talent le Stade Français de 1992 à 2011, remportant cinq fois le championnat de France. J'ai de nombreux points communs avec Max, mais pas le palmarès !

Étranger au monde du rugby, puisqu'il dirigeait la station de radio NRJ dont il est l'un des fondateurs, il a pris le club en seconde division. Tout cela entre en résonance chez moi.

Max a pris la foudre quand, en 1995, il a imposé la couleur rose pour ses maillots. Une majorité de la famille du rugby a hurlé sur le thème : « Qu'est-ce que c'est que ces maillots de "pédés" ? » Du haut de leurs troisièmes mi-temps arrosées, ils n'ont pas eu l'intelligence de mesurer que Max était en train de changer l'image du rugby. Ce monde-là vit en vase clos.

Heureusement, il a tenu bon. Il a modifié la donne, généré un nouveau public, des tribunes remplies au Stade de France aux animations avant, pendant et après le match, en passant par les calendriers des *Dieux du Stade*. Grâce à lui, le rugbyman est passé du mec ventripotent à Sonny Bill Williams, l'athlète absolu, au corps parfait, plus beau que le footballeur et physiquement plus performant. Le public féminin a commencé à s'intéresser à ce sport. Max est parvenu à créer une identité dans Paris, une ville compliquée. Et puis son code couleur est génial. L'association reste encore immédiate aujourd'hui ; c'est ce qui manque au Racing-Métro 92, qui devrait jouer sur le côté vintage de son maillot ciel et blanc.

Max Guazzini a un entregent exceptionnel, c'est un puits de culture et d'anecdotes, sur François Mitterrand, Bertrand Delanoë ou Dalida, dont il a été l'attaché de presse. Je l'estime énormément. Il a été lâché par le rugby depuis qu'il a été acculé à la démission du Stade Français en 2011. Je l'ai soutenu lorsqu'il s'est présenté aux élections à la Ligue nationale. Il n'est pas passé loin.

Finalement, en novembre 2012, il a été élu membre du comité directeur. Il est aussi vice-président de la LNR, en charge de la communication, des médias et du marketing. Je n'ai rien contre Paul Goze, élu patron de la Ligue pour quatre ans. Mais j'avais fait campagne pour Max Guazzini, qui a été victime d'un intense lobbying. La veille des élections, les présidents du Top 14 se sont réunis et ont procédé à un vote fictif. Je n'y avais pas pris part.

Dans les discours de présentation de l'après-midi, je n'avais pas trouvé Max étincelant. Je lui avais tendu de grosses perches, il ne les avait pas saisies. À ma grande surprise, lors de la simulation, Paul Goze récoltait sept voix, Max six. Sachant que je n'y avais pas participé, tout restait jouable, ce que Serge Blanco a vite compris…

Au dîner, le téléphone du président du Biarritz Olympique, lui-même ancien président de la Ligue, n'a pas arrêté de sonner : soit il raccrochait, soit il s'éloignait pour parler au calme. De mon côté, j'ai appelé Alain Afflelou, patron de l'Aviron Bayonnais, en lui demandant de voter Guazzini. Il m'a répondu qu'il fallait veiller à ne pas brusquer Blanco, qu'il était puissant et qu'il valait mieux ne pas l'avoir comme ennemi. Puis il a proposé d'organiser une rencontre avec Blanco, qui du temps de sa splendeur sur les terrains était surnommé le Pelé du rugby.

C'est ainsi que, le jour des élections, j'ai déjeuné avec Afflelou et Blanco, dont j'étais flatté qu'il puisse se libérer pour moi. Sa présence signifiait que le vote serait serré, que cela allait se jouer à une voix, ce que je n'avais pas pleinement mesuré. En réalité, ce n'était pas moi que Blanco voulait voir mais Afflelou. Il l'a retourné sous mes yeux. Et ce dernier a voté Goze, le candidat de Blanco. Bravo à lui. Il a une fois de plus montré qu'il est le véritable patron du rugby français. J'ai été déçu pour Max. Goze, ancien joueur et président de Perpignan, est rapidement rentré dans les habits du poste. Il a de l'humour et va encore se bonifier, même si je persiste à penser qu'un Max Guazzini encadré aurait été préférable pour faire évoluer l'économie du rugby.

La veille au soir des élections, j'ai entendu un dirigeant dire : « On ne va tout de même pas laisser le "rugby plume dans le cul" prendre le pouvoir ! » J'ai été déçu et choqué de cette remarque. Résumer ainsi les années Guazzini prouve que ces présidents n'ont rien compris. C'était la preuve absolue de leur connerie et de leur mépris. Quant à moi, je fais partie de la commission des droits télé et de celle baptisée « modèle économique », dont j'avais d'abord été écarté !

Étant le seul à être passé d'un budget de 6 à quasiment 30 millions d'euros, les autres se trouvant être pour la plupart des assistés d'un milliardaire, j'avais hurlé et eu gain de cause. En revanche, j'avais retiré ma candidature pour une place au sein du comité directeur de la Ligue. J'avais postulé pour apporter mon savoir-faire, persuadé que ce qui était bon pour mon club pouvait l'être pour le rugby. Mais j'ai senti que j'avais échoué à remplacer le rugby-cassoulet par le plus fin risotto à la truffe, constaté que s'accrochaient à leur fauteuil des gens qui ne dérangeaient personne et n'avaient jamais eu l'esprit d'entreprise.

Pour certains dirigeants, le rugby est une voiture de course qu'ils veulent transformer en tracteur, de peur d'être pris de vitesse. Pour une poignée d'autres, ce sport est un camion que l'on aspire à transformer en voiture de course. Leur crainte est qu'il dépasse leur seuil de compétences, celles-ci reposant uniquement sur l'ancienneté et le bénévolat. Ils sont dépassés, vivent dans les souvenirs et nous emmerdent avec leur nostalgie qui confine à l'égocentrisme. Ceux-là refusent que le rugby leur échappe, qu'il bascule complètement dans le professionnalisme. Mais le combat continue…

2

Ni Dieu, ni maître

« Au village, sans prétention,
J'ai mauvaise réputation.
Qu'je m'démène ou qu'je reste coi
Je pass'pour un je-ne-sais-quoi !
Je ne fais pourtant de tort à personne
En suivant mon chemin de petit bonhomme.
Mais les brav's gens n'aiment pas que
L'on suive une autre route qu'eux,
Non les brav's gens n'aiment pas que
L'on suive une autre route qu'eux,
Tout le monde médit de moi,
Sauf les muets, ça va de soi. »

Ce morceau de Georges Brassens, sorti en 1952, dure deux minutes et seize secondes. Je connais les paroles de « La Mauvaise Réputation » par cœur. Dans cette chanson, le poète souligne ses côtés antimilitariste, anticonformiste et anticlérical. Il aborde aussi subrepticement la peine de mort, à laquelle il était viscéralement opposé ; elle sera abolie et la loi promulguée vingt jours avant sa disparition. À cause de la force de ses positions et de ses convictions, « La Mauvaise Réputation », à l'époque, a été interdite d'antenne. Brassens est mort le 29 octobre 1981, à

60 ans. L'émotion, très forte, a été nationale. Le lendemain, en ouverture du JT, sur Antenne 2, Patrick Poivre d'Arvor dira : « À force de faire des pieds de nez à la mort, celle qu'il appelait parfois la faucheuse ou la camarde s'est vengée. Tout le monde est triste, chez vous, chez nous. On a perdu un oncle. »

J'ai perdu un oncle. Quand Brassens est mort, tous les voisins ont toqué à ma porte pour me prévenir. Je n'ai jamais eu la chance de le voir sur scène, idem pour Jacques Brel, que j'admirais aussi. Un jour, c'est certain, j'irai me recueillir sur sa tombe, aux îles Marquises. En revanche, je suis allé plusieurs fois à Sète fleurir celle de Brassens. Une tombe toute simple, à son image, au cimetière le Py, appelé le cimetière des pauvres ou le ramassis. J'aime y faire un tour quand je me trouve dans la région. Peut-être, ainsi, suis-je à la recherche de mon enfance ?

À Sète, j'ai également visité l'Espace Georges-Brassens, le musée qui accueille chaque année 50 000 visiteurs, entièrement consacré à l'auteur-compositeur, ours mal léché au cœur tendre. Je m'y suis rendu une fois en rentrant d'une raclée en Top 14. Je suis un fou de pizzas, capable de parcourir 100 kilomètres pour en dénicher une bonne, que j'assaisonne moi-même à la maison et susceptible d'être accompagnée d'un pétrus ou d'un mouton-rothschild. En face du musée, j'en ai commandé une au camion qui les fabriquait et j'ai acheté du vin au marchand situé près de la dalle de granit où il est enterré.

Je suis seulement resté cinq minutes devant la tombe de Brassens. Mais ça m'a apaisé. Du libertaire des « Copains d'abord », « Le Gorille », « Les Amoureux des bancs publics », « Fernande » ou « Le temps ne fait rien à l'affaire », je connais l'œuvre entière. Je l'ai tellement écoutée... Comme lui, je suis un vieil anar et un antimilitariste primaire, quand bien même il y a de nombreux officiers de marine à Toulon. Certains sont brillants, mais le port de l'uniforme, ça, non, je ne peux pas. Cette notion me dépasse. Une défiance similaire s'applique aux religieux de tous ordres. Ils partent du principe que leur croyance n'est pas une hypothèse mais une certitude. Pourtant, il est impossible que Dieu existe, d'ailleurs il n'y a pas le début du commencement d'une preuve. On ne peut pas croire en la science et en Dieu. On surfe sur notre peur de la mort pour nous vendre une dimension invisible où il y aurait la vie éternelle. Je ne peux pas l'accepter non plus. Cette façon de jouer sur les croyances est valable dans les autres religions. À mes yeux, le pape, le nouveau comme l'ancien qui a démissionné, est un usurpateur. Intérieurement, il doit bien se marrer, sur le thème : « Dieu existe, je n'ai jamais parlé avec lui mais je fais croire à tout le monde que nous sommes en contact. » Le pape est sur un piédestal, on le considère comme un saint.

Au fond, il n'y a pas de différence entre Raël et lui. L'un a vu les extraterrestres, l'autre a rencontré Dieu ! Au moins le fondateur du mouvement raëlien, de son vrai nom Claude Vorilhon, ancien chanteur et journaliste sportif, peut-il dans sa secte coucher avec toutes les filles qui tournent autour de lui...

Je ne vais pas faire mon Karl Marx, mais la religion représente l'opium du peuple. Quand on a mal à la tête, on prend du Doliprane. Eh bien quand on a mal à la vie, on prend une gélule de religion. Dieu est un anesthésiant, tant mieux si cela fait du bien à ceux qui y croient. Comme disait Woody Allen, « si Dieu existe, j'espère qu'il a une bonne excuse ».

J'aimerais bien être croyant. Les choses seraient moins compliquées. Évidemment que j'ai peur de la mort. Les bonheurs sur terre sont éphémères et artificiels, les malheurs éternels. J'entretiens avec la grande faucheuse un drôle de rapport, qui se traduit par des problèmes de sommeil. Je dors peu : pour moi, dormir signifie arrêter de vivre quelques heures. Dans le lit, nous sommes allongés, comme dans un cercueil. Dormir est une petite mort. Les quatre-vingts minutes d'une rencontre, je ne pense pas au reste, je mets les soucis de côté. D'une certaine façon, le match est ma messe du dimanche ! J'aimerais me tromper, me convaincre qu'une vie éternelle est plausible. Mais certainement pas qu'un grand barbu puisse m'expliquer que ce que j'ai accompli en bas est bien ou pas bien.

La religion représente le totalitarisme des idées. Je suis arabe mais je ne suis ni musulman, ni chrétien : je suis athée intégriste ! Les musulmans m'emmerdent autant que les chrétiens. Je trouve inadmissible que des gens, parce qu'ils croient en un Dieu, vous imposent leur manière de vivre.

À l'occasion d'une bande dessinée que j'ai éditée et qui déconnait un peu avec Jésus, j'avais reçu au bureau une association catholique. Mon interlocuteur me sommait de retirer le livre de la vente, faute de quoi il entamerait une procédure à mon encontre. Je lui ai répondu qu'il n'y avait aucun problème mais que, avant qu'il ne m'attaque, je lui réclamais une lettre signée de la main de Dieu l'autorisant à parler en son nom. « Si vous ne la produisez pas, je vous emmerde », lui ai-je asséné. J'ai la même réaction quand j'entends des curés ou des imams. Ils nous culpabilisent en nous disant ce qui est bien ou mal, comme s'ils maîtrisaient ce concept, alors qu'ils n'ont aucune légitimité.

Georges Brassens a souvent chanté Dieu et la religion. Je ne partage pas tous ses sentiments mais j'aimais sa philosophie de vie, l'harmonie parfaite entre sa musique, ses paroles et le personnage qu'il était, mimiques comprises. Sur les plans intellectuel et culturel, mes parents, qui sont très peu allés à l'école, n'avaient pas grand-chose à me transmettre. Mes besoins, mes références, je suis allé les chercher autre part. Georges Brassens comme Jacques Brel ont contribué à me construire. C'est une démarche personnelle. Mon frère et mes deux sœurs ont puisé ailleurs. Sigmund Freud aussi me fascine, même si le père de la psychanalyse n'a pas réglé ses rapports avec sa mère et que ce probable peine-à-jouir a justifié ses problèmes d'érection par tout un tas de théories plus ou moins fumeuses ! Afin de me nourrir, j'aime lire les biographies de personnalités confrontées au monde ancien, comme Jules César, Winston Churchill, Geronimo ou Charlie Chaplin. Je suis attiré par des personnages hors norme, dont on a du mal à croire qu'ils ont réellement existé.

J'ai également le goût de me rendre dans les lieux où des figures ont été assassinées, comme pour m'approprier une partie de leur vie. Je suis allé sur Sunset Boulevard à Los Angeles, au Chateau Marmont, où le comédien John Belushi est mort d'overdose en 1982, deux ans après le film *The Blues Brothers*. Je me suis fait prendre en photo à Central Park, où John Lennon s'est fait descendre au pied de son building par Mark Chapman en 1980. Et, si je dois passer un jour à Dallas, j'irai sur Dealey Plaza, où John Fitzgerald Kennedy a été abattu en 1963 alors qu'il était dans la voiture présidentielle.

Il y a une forme de magie dans la mort violente, si je puis dire. C'est ma forme de croyance à moi. Autant dire que je n'irai jamais là où prétendument la Vierge Marie est apparue.

Comme Brassens, j'ai mauvaise réputation. Je le sais. J'en joue. Cette image me colle à la peau car je dis ce que je pense, sans faux-semblants, sans salamalecs. Je suis un sauvage, qui ne s'embarrasse pas de fioritures. Je pourrais faire en sorte d'être aimé de tous. Laurent Marti, le président de Bordeaux-Bègles, m'a dit un jour : « Pourquoi piques-tu toujours des colères ? C'est con, tu es marrant et attachant ! »

Je pense avoir de l'humour, je sais me tenir à table, être agréable et sérieux quand il le faut. Je pourrais interpréter un personnage. Mais je refuse. Ne pas être fidèle à ses idées relève de la prostitution, la gloriole constituant une forme de rémunération. Hélas, notre monde est conçu pour naviguer dans le consensuel. Nous songeons d'abord aux répercussions que peuvent engendrer telle ou telle parole, de crainte de blesser. Je ne m'embarrasse pas de cela. Peut-être parce que je n'ai jamais eu de patron : ni Dieu, ni maître !

Quand j'assure que le niveau intellectuel du rugby me perturbe parce qu'il est bas de plafond, j'assume car je le pense. Je ne vais pas changer d'avis pour faire plaisir aux uns et aux autres. Idem, quand je dis du bien de quelqu'un, c'est sincère. Il y en a certains dont on ignore ce qui trotte dans leur tête : ils ne disent jamais de mal. Ils sont politiques, songent à leur carrière, puisque le monde tourne autour de ça. Leur parti, c'est leur entreprise. Ils sont en élection permanente, demandent avant tout préambule ce qui est bon pour leur ascension. C'est de la communication. Je n'affirme pas que j'ai raison mais j'assume mes points de vue. Il est évident que, en étant plus rassembleur, j'aurais réussi davantage de choses.

Au fond, ma mauvaise réputation, je m'en fous. L'essentiel est que je sois en accord avec moi-même. Je suis un personnage public, je reçois de nombreuses insultes et j'y réponds rarement. Sur les forums des sites Internet de sport, les commentaires à mon encontre sont souvent désactivés. Je dérange mais, peut-être que sans moi, le monde du rugby se ferait chier. Je fais partie du show, je suis le mec aux cheveux courts habillé en noir qui stresse au bord de la pelouse. Il m'arrive même de signer plus d'autographes que des joueurs, ce que je trouve injuste. Parce que je n'ai pas un langage aseptisé, je fais vendre alors que je n'ai jamais appelé le moindre média pour qu'on parle de moi. Je ne ferai jamais l'unanimité, je le constate quand je vais à la Ligue nationale, alors que j'ai l'intime conviction que je pourrais apporter beaucoup. Je suis jalousé car j'énerve. Parce que j'ai les « couilles » que ceux que je fais enrager n'ont pas. Lorsque j'ai été convoqué par la commission de discipline de la Ligue, un membre de ladite commission m'avait signalé qu'un président de club leur avait écrit pour se plaindre que, durant le match, les caméras m'avaient montré dix-sept fois. Le mec s'était amusé à compter le nombre de fois où j'apparaissais à l'antenne. Est-ce de ma faute ? Et puis moi, je vis le truc à fond, je ne peux pas me contenter d'être simple spectateur. C'est vrai que, pendant une rencontre, je suis en transe, proche de l'hystérie. Les émotions sont intenses, je ne les maîtrise pas. Ensuite, quand je revois des images de moi, j'ai parfois honte. Lors de la qualification pour la finale du Top 14, je suis parti dans une crise de larmes. C'était nerveux. J'avais tant attendu cet instant, consenti tant de sacrifices, et je ne parle pas que d'argent.

Tous ceux qui me connaissent assurent que j'ai vieilli depuis que je suis dans le rugby. Je suis marqué physiquement. Et encore, je fais beaucoup de sport, je m'entretiens en courant tous les jours ou presque. Le rugby, je le ressens, me bouffe de l'intérieur. Mais j'ai besoin de cette adrénaline. Je suis un compétiteur-né. Je fonctionne ainsi. En Coupe d'Europe, cette saison, contre Sale, que l'on a battu 62-0, je me suis ennuyé après l'obtention du bonus offensif !

Au sein de mes entreprises, pareil, je m'agitais à l'approche des fins de mois, une fois que les échéances approchaient.

C'est du bon stress pour moi, ça constitue un moteur, précieux pour me sublimer et avancer. Je ne peux concevoir les événements qu'en me mettant en danger. Si j'ai le choix entre deux options, je vais prendre la plus périlleuse. Quand tout roule, je m'emmerde. Au rugby, je suis tellement accaparé, j'ai tant l'angoisse du résultat que je passe à côté de l'ambiance et des chants. Je suis dans ma bulle. Debout, assis, près du terrain, vibrant, gesticulant, râlant, encourageant. Je ne tiens pas en place. Il s'agit d'une véritable épreuve physique, à laquelle je me prépare.

Parfois, je suis incapable de regarder certaines rencontres. Quand à quelques minutes du terme nous menons, je peux éteindre la télévision. Je ne vis que pour le temps qui s'écoule. Je prends la voiture – ça m'est arrivé de le faire en pyjama en partant de chez moi ! – et je fais le tour du quartier pour accélérer le chronomètre en espérant que le score ne change pas. Ou alors je regarde la fin avec une horloge dans la tête, scrutant le coup de sifflet final, décomposant l'issue du match en mouvements : 45 secondes pour une mêlée, 35 pour une touche, etc. Plus tard, pour enfin savourer, je peux revoir le match. Il faut me comprendre : j'ai des enjeux que les autres présidents n'ont pas. Je suis le seul à mettre quasiment en jeu son bifteck à la fin de chaque mois. Personne ne s'est mis davantage en danger physiquement et économiquement. Je suis dans un esprit entrepreneurial, je n'ai pas la fortune de Mohed Altrad[1], qui dirige Montpellier. Je ne me plains

1. Patron de la société éponyme spécialisée dans le matériel de construction – numéro un mondial de la bétonnière, numéro un européen de l'échafaudage et de la brouette –, Mohed Altrad est devenu en mai 2011 actionnaire principal de Montpellier Hérault Rugby. À la tête d'un groupe de 6 000 personnes, qui génère 600 millions d'euros de chiffre d'affaires et possède 65 filiales, celui qui est né en Syrie dans une tribu nomade est par ailleurs écrivain.

pas, je figure parmi ceux qui vivent très bien. Si demain un gros malheur arrivait, j'y survivrais. Mais j'y laisserais des plumes.

Le rugby m'appauvrit. Mon principal mérite dans le RCT n'est pas l'argent investi mais l'économie de marché déployée. Aujourd'hui, le club fait entre 25 et 30 millions d'euros de chiffre d'affaires, sans que j'aie besoin de mettre un sou. Quand j'ai repris le club, le budget était de 6 millions. Ma fierté est d'avoir créé un modèle sans équivalent, que je vais continuer, c'est là mon défi, à faire progresser. Au cœur d'une région guère riche, sans bénéficier d'un grand stade et sans trop augmenter la contribution des collectivités locales (16 % du budget), j'ai développé une marque basée sur l'émotionnel et le passionnel, à travers par exemple les brasseries RCT Café ou les boutiques du club. Des ouvertures vont avoir lieu à Ollioules, à La Valette – le centre commercial est en construction et nous serons proches du Pathé le plus moderne d'Europe –, mais aussi à Nice dans deux ans et à Marseille dans trois ans.

Lorsque l'on joue à domicile, la promesse consiste à garantir le spectacle. Je m'occupe de la programmation musicale, je choisis les clips et les morceaux diffusés sur les écrans dans le stade avant le match ou à la mi-temps. Cela fait partie d'un ensemble et d'une philosophie, qui passe par des codes culturels. Je m'adresse à ma génération et à des gens dont le rugby n'est pas l'unique préoccupation. J'ai par exemple regretté que l'on ne joue pas à Mayol quand on a appris la disparition de Ray Bradbury. J'aurais fait diffuser la photo de l'auteur des *Chroniques martiennes* à l'entrée des joueurs. Le message : ici on sait qui est Bradbury. Avant le coup d'envoi, chez nous, on entend plus les Red Hot Chili Peppers, les Beatles ou Bruce Springsteen que « Le Petit Bonhomme en mousse » de Patrick Sébastien. Moi vivant, jamais on ne diffusera Jeanne Mas et son « En rouge et noir », qu'on nous demande souvent car ce sont les couleurs du club. Je veux mixer les cultures ciné, rock et télé.

Les tarifs sont élevés, certes, mais on ne paye pas le même prix pour voir les Rolling Stones que Michel Fugain ! Au fond, nous ne sommes pas si chers que ça. Ceux qui viennent à Mayol constatent sur le terrain l'argent dépensé. Les clubs qui nous reçoivent, aussi : ils augmentent le prix du billet quand on débarque. Le RCT a recruté pas mal de stars : la prochaine sera, à partir de la saison 2013-2014, l'ailier Bryan Habana, champion du monde avec l'Afrique du Sud en 2007, année où il a été désigné meilleur joueur de la planète. C'est ma logique de chef d'entreprise. Le club fonctionne sur le buzz, positif ou négatif. Il convient de l'entretenir, d'avoir de la visibilité eu égard à nos partenaires. C'est une façon de dire que c'est à Toulon que ça se passe. Le milieu de terrain anglais de l'OM, Joey Barton, est par exemple venu plusieurs fois à Mayol, même si je trouve dommage qu'il ait demandé une invitation alors qu'il a les sous pour se payer la place.

Le raisonnement est le même pour le « Pilou-Pilou », le cri de guerre du club devenu l'hymne des supporters[1]. Je suis convaincu de l'importance de le faire chanter avant certains

1. Vice-champion de France dans les années 1940 avec Toulon, l'arrière Marcel Bodrero a inventé cette chanson populaire, que les supporters reprennent à la moindre occasion. Ce haka local accompagne l'entrée des joueurs à Mayol. En voici les paroles : « Ah ! Nous les terribles guerriers du Pilou-Pilou / Pilou-Pilou ! / Qui descendons de la Montagne vers la Mer / Pilou-Pilou ! / Avec nos femmes échevelées allaitant nos enfants / À l'ombre des grands cocotiers blancs / Pilou-Pilou ! / Nous les terribles guerriers poussons notre terrible cri de guerre / AAAARRRGGGGHHHHH ! / J'ai dit « Notre terrible cri de guerre » ! / AAAARRRGGGGHHHHH ! / Parce que Toulon / Rouge ! / Parce que Toulon / Noir ! Parce que Toulon ! / Rouge et noir ! »

matchs comme cette saison par le rappeur Youssoupha, les comédiens Charles Berling, Michael Youn ou José Garcia, en attendant d'autres, et pourquoi pas Gérard Depardieu. Je dis ainsi au public, aux joueurs et aux décideurs : nous sommes votre club, nous avons une vision moderne. Le football a monopolisé la génération des Youssoupha et autres rappeurs et j'estime que ce n'est pas une fatalité puisque le rugby, aussi, a un ressort urbain. Je suis monté au créneau lorsqu'il a été sifflé dans le stade : quand un Noir venant des cités est hué, cela a des relents de 1995 et l'élection du Front national à Toulon. J'ai pris la foudre, des pétitions ont circulé quand j'ai annoncé que le « Pilou-Pilou » serait mis en scène, chanté à l'occasion par des artistes avant le match. Maintenant, des supporters viennent me brancher : « Finalement, c'est pas mal. Qui sera le prochain ? » Ils ont une démarche de passionnés, ce que je peux comprendre. J'ai une autre vision, je pense toujours à après-demain, je m'efforce d'anticiper. Peut-être qu'un jour un partenaire investira dans le RCT parce qu'il aura assisté à l'hymne chanté par quelqu'un qu'il aime.

Quand Toulon a été champion d'automne cette saison, nous avons fabriqué un tee-shirt spécial. Certains au club voulaient qu'il soit en vente quinze jours pour écouler tout le stock, pas moi : j'en ai fait un événement exceptionnel en vente une journée, pour ne pas habituer les gens et que, la prochaine fois, par exemple si on devient champions, ils se ruent dans les magasins. Ce n'est pas ce tee-shirt de fin d'année qui m'intéresse mais les prochains. Il faut créer un manque, donner naissance à un produit exceptionnel, qui ne rentre pas dans le budget classique des supporters. Je ne vise pas la rentabilité immédiate, l'entrepreneur doit voir au-delà. Je ne perds pas de vue que le premier spectacle demeure le match et que ses à-côtés ne doivent pas s'opérer à son détriment, mais je reste cohérent. J'y crois, il s'agit d'un message stratégique pour l'avenir. Max Guazzini l'a parfaitement compris. Il a fait du Stade Français un club *people*. Celui qui voulait voir des gens connus allait regarder jouer son équipe. La tradition ne m'intéresse pas. Ce qui compte, c'est l'évolution. Le « Pilou-Pilou » était en train de se banaliser. Il fallait le moderniser, tout en conservant son identité.

Aime le club celui qui a envie de l'aimer. Il est ouvert au monde, personne n'en a le monopole. Laurent Voulzy chantait que « le soleil donne la même couleur aux gens ». Le RCT donne la même couleur aux joueurs et aux gens. Je ne supporte pas la notion de race. Je me bats pour cette raison contre le système du JIFF, cette règle imposant aux clubs d'avoir dans son effectif, à partir de la saison prochaine, 55 % de « joueurs issus des filières de formation », soit 16 « non-JIFF » par club. Je ne conçois pas, lorsque l'on voit un joueur de rugby, que l'on s'interroge sur ses origines. La seule question que je me pose est celle-ci : est-il bon ou pas ? Les mots ont un sens et une histoire, même dans le sport. Le JIFF implique de demander la couleur de peau : cela s'apparente aux quotas. Ce système est répressif.

Le rugby manque de culture politique et sociétale, fonctionnant comme s'il était un monde à part. Nous véhiculons des idées qui peuvent avoir de l'influence chez les adolescents. Et je n'aime pas le message qui dit à un gamin qu'un étranger pourrait prendre sa place. Cet état d'esprit me gêne, moi l'un des rares présidents du Top 14 né dans la ville du club qu'il dirige. Je n'apprécie pas non plus qu'on prétende que Toulon est une équipe de mercenaires, parce que beaucoup de recrues ne sont pas françaises. Un mercenaire est celui qui défend une cause qui n'est pas la sienne pour de l'argent. Cela signifie-t-il que tous ceux qui ne sont pas nés dans la ville où ils jouent le sont ? Est-ce que cela ne s'applique qu'aux étrangers ? C'est du racisme que de le penser. Je me sens plus proche de personnes nées à 10 000 kilomètres et qui partagent, l'espace de quelques mois les mêmes émotions, joies et peines – bref, une histoire – plutôt que des Toulonnais simplement croisés. Les frontières sont une création de l'homme. Je suis un habitant de la planète Terre, point. Je me fous de savoir où est né Untel ou Untel, tant qu'il vit les choses avec la même force et passion que moi.

Dans vingt ans, avec Jonny Wilkinson ou Tana Umaga, j'aurai davantage de souvenirs communs à évoquer qu'avec des voisins que je ne connais pratiquement pas. Et je peux vous garantir que lorsque nous avons perdu en finale du Top 14, ce sont de vraies larmes que j'ai vu couler sur leurs joues, pas celles de mercenaires intéressés. Ce terme a été inventé par des médiocres, qui préfèrent critiquer le travail des autres, clamant que, eux, ne sont pas comme ça, que leur politique, c'est la formation. Mais, s'ils étaient sincères, ils diraient : « Nous n'avons pas recruté de tels éléments pour la seule raison que nous n'en avons pas la capacité. »

La politique de stars du RCT a incité des commentateurs à nous baptiser les Galactiques, comme le Real Madrid période Zidane, Beckham, Figo et Ronaldo. Ou à nous comparer au Paris Saint-Germain. Mais nous n'évoluons pas dans les mêmes galaxies. Nos moyens ne sont pas comparables. Il y a peu de points communs entre Toulon et le PSG, excepté le fait d'avoir un président arabe ! Certes, notre équipementier est qatari : il s'agit de Burrda Sport. Je trouvais que le précédent sponsor nous traitait mal. Il a abusé d'une position dominante, que j'ai dénoncée. Nous avons retrouvé notre liberté et Burrda a montré qu'il tenait à nous avoir. Le contrat est lié à une personne physique, moi en l'occurrence. Cette clause *intuitu personae* signifie que, si je ne suis plus à Toulon, ils ont la possibilité de partir. Idem en cas de descente en Pro D2.

Pour les Qataris, la France représente un paradis fiscal. Ce petit pays a fait le choix du sport pour se faire connaître. C'est ainsi qu'ils ont obtenu l'organisation de la Coupe du monde de football 2022. Le Qatar est considéré comme le grand méchant. Mais eux aussi ont envie de vivre des émotions. Nasser al-Khelaifi, le président du PSG, doit être aussi énervé que moi quand il perd, même s'il n'a pas les mêmes impératifs financiers. Lui représente un État alors que je dois moi-même mettre la différence quand on dépasse le budget. Je n'imagine pas le Qatar apparaître dans le rugby. Ils sont conscients de son importance en France mais, à l'échelle de la planète, c'est un sport régional, pratiqué chez nous, dans tout le Royaume-Uni, un peu en Italie, dans l'hémisphère Sud et en Argentine. La Chine ou les États-Unis, deux poids lourds économiques, ne s'y sont pas encore mis. Se lancer dans le rugby serait un pourboire dans leurs investissements. Je serais amusé qu'ils viennent. Je rêve de les voir à la table des négociations avec la Ligue nationale ou la Fédération ! Ils hallucineraient. Je pense toutefois que, s'ils devaient venir, ce serait à Paris. Dans leur imaginaire, Paris, avec la tour Eiffel et autres monuments, est une marque très forte. Ils peuvent construire une équipe en or. De toute façon, nous avons déjà des Qataris dans le rugby ! Avec leurs moyens financiers, Thomas Savare au Stade Français, Pierre Fabre au Castres Olympique, Jacky Lorenzetti au Racing Métro 92, Michelin à l'ASM Clermont Auvergne, Mohed Altrad au Montpellier Hérault Rugby, Alain Afflelou à l'Aviron Bayonnais ou Serge Kampf au FC Grenoble Rugby et au Biarritz Olympique sont au-dessus du lot. Tous ceux-là ont des jets privés. Moi ? Je ne suis pas au même niveau. Ils peuvent prendre fromage et dessert tandis que je serai au régime sec. J'ai une fortune en dizaine de millions d'euros, eux en centaines. Si demain le Qatar compte acheter le RCT, recruter l'équipe des All Blacks et m'offrir deux abonnements à Mayol, je dirai peut-être oui.

En règle générale, les dirigeants du sport sont d'un naturel discret. Des présidents du Top 14 me reprochent de vivre les matchs de Toulon depuis le bord du terrain plutôt qu'en tribunes. Mais j'ai besoin de ça, mon implication est totale. J'ai un sale caractère mais je ne fais pas semblant. Le rugby peut me ruiner si par exemple le budget fond de 30 à 15 millions d'euros. Louis Nicollin, lui, parvient à avoir du détachement par rapport à son club de Montpellier. Je l'ai rencontré et, même s'il m'arrive de l'estimer vulgaire, il est attachant, sensible, humble et nature. Cette fausse désinvolture lui donne justement une totale liberté. Il aime choquer mais en rajoute. Je suis sûr que sa réputation l'amuse. Il joue de son physique, ne frime pas. Lui aussi est dans l'émotionnel, veut gagner et s'implique. Et il a tout de même amené son petit club de la Paillade au titre de champion.

Pour évoquer l'absence de diversité dans les instances dirigeantes du sport, Pape Diouf, l'ancien président de l'Olympique de Marseille, s'était présenté comme une « anomalie sympathique ». Il est exact que, excepté nous deux, peu de présidents sont issus de l'immigration. Sauf que lui était un salarié de l'OM, nommé par Robert Louis-Dreyfus. Le vrai président, c'était RLD, et donc son pouvoir à lui était forcément limité. Il exécutait ce qu'on lui demandait de faire, ce n'était pas le décideur. À la différence de Diouf, je suis propriétaire. La nuance est de taille et souvent les gens confondent. Diouf peut envoyer l'OM aux prud'hommes, moi non. Nous avons participé ensemble à une émission. Il jouait de sa négritude, racontait des histoires de crocodiles. C'est un personnage intéressant, cultivé. Mais devenir président après avoir été agent de joueurs me semble compliqué. Être agent n'est pas anodin, il y a des connexions qui peuvent déboucher sur des conflits d'intérêts. Et puis quelle malchance pour Diouf : il s'en va en 2009 et l'OM de Jean-Claude Dassier devient champion de France. J'aimais bien Dassier, qui a certes eu la chance de récupérer l'héritage des années Diouf, comme Paul Goze au rugby avec Perpignan, vainqueur du titre en 2009 grâce au travail entrepris en partie par son prédécesseur Marcel Dagrenat. J'espère que je n'aurai pas à subir cela : que le nouveau président de Toulon devienne champion de France l'année d'après mon départ. Ça me gonflerait, même si je me dis parfois que cela pourrait finir ainsi !

3

Le pouvoir du RCT

Je ne fais pas de différence entre mes rêves et mes ambitions. C'est le leitmotiv de mon existence. Je vis pour réaliser mes rêves. Aujourd'hui, mon but est de faire du RCT le plus grand club du monde. Cela ne veut pas dire que je vais y arriver. Mais je vais essayer. Être au sommet signifie gagner des titres mais aussi innover, apporter des solutions et des idées qui marqueront l'époque. Chaque minute nous apporte une information que nous ne possédions pas l'instant d'avant. Du coup, même si tout est planifié dans ma tête, je sais m'adapter. Je change d'avis tout le temps, je suis en perpétuel mouvement. Dans l'édition comme dans le rugby, j'ai toujours visé la première place. On a l'air con de lorgner la douzième ! Personne n'a le droit de limiter ses ambitions. Pour parvenir à mes fins dans le rugby, le chemin est difficile mais pas insurmontable. Si je devais citer un modèle dans le sport, je mentionnerais le club de Barcelone, qui a su gérer son image, rafler des trophées, développer jusqu'à une philosophie de vie et créer une économie. En France, le Stade Toulousain n'est pas mal mais reste un artisan par rapport au Barça, à l'identité catalane très forte tout en parvenant à s'implanter partout. Le club de Lionel Messi et son maillot, c'est Coca-Cola avec sa canette : n'importe où sur la planète, on le reconnaît au premier coup d'œil.

À Toulon, les gens aiment le RCT. Le club a donné une autre image de la ville. Notre médiatisation est incroyable, notre impact, localement, plus important que le football. Toulon est synonyme de rugby. J'ai dîné il y a trois ans avec Christine Lagarde, ministre de l'Économie et pas encore directrice générale du FMI, parce que Dominique Strauss-Kahn était alors plus discret ! Elle m'avait expliqué avoir rencontré le premier ministre néo-zélandais, qui lui avait dit d'emblée : « Ah, la France, Toulon ! Ah, le rugby, Tana Umaga ! » Quand je prends le taxi à Paris et que j'annonce venir de Toulon, il n'est pas rare qu'on me parle du RCT. Certains nous aiment, d'autres nous haïssent. Mais on possède une image. Toulon est le club du sud de la France, de la Corse et d'ailleurs. Il n'est pas anodin que la saison prochaine nous disputions un match à Nice, au nouvel Allianz-Riviera, qui accueillera l'Euro 2016 de football.

Évacuons la question : je n'ai pas pratiqué le rugby. Je me suis pris de passion pour le club lors de la finale du championnat de France 1971. Une défaite face à l'AS Béziers (9-15), et un match d'anthologie, perdu aux prolongations. J'étais avec mes parents, devant un poste de télévision en noir et blanc. Pour un gamin de Toulon comme moi, voir ma ville, dont on ne parlait jamais ou alors dans la rubrique faits divers, était exceptionnel. Mon père regardait le match parce que c'était le RCT, pour la fierté d'en être, même si je ne suis pas certain qu'il en connaissait les règles. Dans les rues, on ne parlait que de ça. J'ai toujours été un supporter du club, même s'il a fallu attendre quatorze ans pour connaître une nouvelle finale et 1987 pour l'emporter, contre le Racing Club de France. Le second bouclier de Brennus après 1931.

Jouant au football, principalement comme gardien de but, je suivais également le Sporting Club de Toulon, resté en première division entre 1983 et 1993. Je me souviens d'un match contre Nancy, où à vingt minutes de la fin le jeune Michel Platini était rentré sur la pelouse. J'ai alors eu conscience d'observer un phénomène. À l'époque, j'étais derrière l'AS Saint-Étienne. J'adorais les Verts, leur épopée européenne, avec les frères Revelli, Larqué, Curkovic, Janvion, Piazza, Lopez, Bathenay, Sarramagna, Synaeghel ou Rocheteau, le premier footballeur grâce à son style et ses boucles à pouvoir faire partie des Beatles. J'ai été aussi marqué par l'aventure de l'Ajax Amsterdam, qui a gagné trois fois la Coupe d'Europe des champions au début des années 1970. Les Cruyff, Neeskens Rep, Haan ou Mühren m'enchantaient, leur équipe ressemblait à un groupe de rock. Mais mon club de cœur reste l'OM, découvert avec les Bereta, Carnus, Trésor, Novi, Charly Loubet, Skoblar ou Magnusson. À 16 ans, j'ai fugué pour assister au Vélodrome à un OM-Saint-Étienne. Je voulais voir les Verts en vrai. J'avais pris le train sans billet jusqu'à Marseille. Je n'avais pas de ticket pour le match, ça se jouait à guichets fermés alors j'ai grimpé sur un mur. Malgré les menaces d'un steward qui menaçait de m'envoyer les maîtres-chiens si je sautais, je l'ai fait. Et j'ai été superbement bien placé.

Aujourd'hui encore, je reste attentif aux résultats de Marseille. On dit que Toulon est l'OM du rugby. Et pourquoi Marseille ne serait-il pas le RCT du football ? ! Ces deux clubs sont pagnolesques, méditerranéens, dans l'excès. On te glorifie et on te descend. Lille a beau être un bon club de football, ses turbulences n'atteindront jamais celles de l'OM ou du RCT. Nous sommes les deux seuls clubs de la région à pouvoir remplir le Vélodrome.

La première fois que nous y avons délocalisé l'un de nos matchs, j'ai subi une forte campagne de dénigrement. Les journaux ont publié des témoignages outrés, des reportages assuraient que Mayol pleurait. Et pourtant, il y a eu 60 000 personnes dans le stade, l'enceinte était pleine comme un œuf. Tous ceux-là n'ont pas écrit à la presse pour râler ! J'en ai pleuré, c'était très émouvant. Elle était là, la dimension du club. J'ai levé les bras au milieu du terrain, et le stade s'est dressé. Un moment magique, avec ces gens qui vous regardaient pour partager une émotion, communier. C'est mon salaire. Je me nourris de ces joies et de ces peines, je fais ça pour le public, pour donner du bonheur. J'avais pris un vrai risque de jouer au Vélodrome. En plus, nous avions battu Toulouse, un exploit. Une étape, aussi, le signe que nous étions de retour parmi les grands. Nous sommes le seul club à rassembler autant dans une ville qui n'est pas la nôtre, située dans un autre département, à deux péages d'autoroute. Mais les rugbymen ne sont pas les footballeurs.

Après l'élimination des Bleus en quarts de finale de l'Euro 2012, deux ans après la désastreuse Coupe du monde en Afrique du Sud, j'avais eu des mots violents. Je ne me reconnaissais pas dans cette équipe, elle me faisait honte. J'avais déclaré[1] : « Ce sont des enfants gâtés dont on fait des stars qui se comportent comme des petites frappes de banlieue. Ça me coûte de dire ça mais il faudrait "karchériser" cette équipe de France. » Je le pense toujours. Le football a fait passer des gamins de l'état sauvage à celui de milliardaire sans passer par l'étape culture. Si eux ne sont pas des symboles d'intégration, on n'y arrivera jamais. Grâce au sport, ils ont la chance de pouvoir faire partie des référents pour leur génération. Les problèmes d'intégration sont réels et les footballeurs ont le devoir d'être des exemples, de sorte justement de faciliter cette intégration. Les Nasri ou Benzema représentent trop dans les cités pour ne pas assumer leur rôle. Certaines de leurs

1. *Le Parisien*, juin 2012.

attitudes singent ces rappeurs qui semblent dire « on nique la police et la justice ». C'est ridicule. Moi aussi j'ai commis des excès de langage mais, quand je transgresse et que je vais par exemple sur la pelouse après notre victoire en demi-finales alors que je suis suspendu, je préviens tout de suite qu'il ne faut pas me prendre en exemple. Je n'ai pas respecté la loi et je ne tenais pas à ce que les gamins me suivent. J'ai beau être, comme Brassens, un vieil anar, le respect de la loi et des institutions est important : c'est la base de l'intégration.

J'ai utilisé le mot « karchériser » à dessein. C'était naturellement une allusion à Nicolas Sarkozy[1]. Moi, personne ne peut me taxer d'être raciste ! C'était aussi une façon de montrer combien l'attitude des joueurs pendant l'Euro m'avait agacé. Ils ne se rendent pas compte de leur dimension sociale. « La Marseillaise », ce n'est pas du tout mon truc. Mais si j'étais Nasri ou Benzema, je la chanterais, justement pour ces raisons-là. Quand Marc Lièvremont a parlé de « sales gosses » au sujet des joueurs du XV de France sortis quelques jours avant de disputer la finale de la Coupe du monde, ce n'était pas pareil. Le reproche était gentil, paternaliste. Je n'ai pas compris la réaction outrée du groupe.

J'aimais bien Marc, j'étais persuadé qu'il nous emmènerait loin dans la compétition. J'étais l'un des rares à le défendre. En matière de communication, je le trouvais bien car sincère. Il vivait son truc, essayait de retranscrire ses émotions. Quand il a succédé à Bernard Laporte en 2007, il n'était pas préparé au poste ; il avait simplement fait monter Dax en Top

1. En juin 2005, un garçon de 11 ans était tué d'une balle perdue au pied de la barre Balzac, à La Courneuve. Au lendemain du drame, le ministre de l'Intérieur, Nicolas Sarkozy, venait dans la cité et assénait aux proches du défunt : « On va nettoyer la cité des 4 000 au Kärcher. »

14. Pendant les quatre ans de son mandat, il a constamment eu des yeux de petit garçon. Je trouvais cela touchant. En plus, le XV de France aurait dû être champion : on s'est fait « schtroumpfer » par l'arbitre en finale contre les All Blacks.

Je suis un supporter des Bleus, je vibre pour eux. Je l'ai dit à Pierre Camou, le président de la Fédération, qui avait l'air surpris que je défende et aime le XV de France. Je lui ai fait remarquer qu'il était étonnant que les dirigeants du Top 14 et de Pro D2 ne bénéficient jamais de places pour encourager l'équipe. Par exemple, en février 2013 à l'occasion de France-pays de Galles lors du Tournoi des Six Nations, j'ai fourni quatre salariés (Michalak, Mermoz, Bastareaud et Suta), et même cinq avec Jenkins en face. Et je n'ai pas reçu d'invitation. J'aurais trouvé logique que quelqu'un à la Fédération m'appelle et m'offre deux billets, une façon aussi que l'on s'approprie la grande histoire du XV de France, que l'on avance ensemble de manière plus harmonieuse. Nous ne sommes pas associés au projet. Je regrette que la FFR ne sache pas tisser de liens avec les clubs.

Nous sommes indemnisés seulement 500 euros par jour durant les absences des internationaux. On me « pique » mes joueurs, comme s'il s'agissait d'une punition alors que ce devrait être un honneur, et en retour aucun partage par une Fédération qui veut construire un nouveau grand stade à plus de 600 millions d'euros. Le concept d'amateurisme n'est pas loin.

Rien, naturellement, ne remplacera Toulon. En 1992, le titre nous a pris par surprise : en phase de qualification le RCT avait échappé de peu à la relégation et, en quarts de finale, avait battu Tarbes grâce au nombre d'essais marqués. Les matchs n'étaient pas télévisés, je les suivais en écoutant RMC, entre la musique et les publicités, interrompues quand il y avait un essai. Personne ne s'attendait à ce troisième bouclier de Brennus. On était tous retournés dans la rue fêter ça. J'avais 32 ans.

Quelques jours plus tard, je suis allé chercher une pizza avec ma femme dans un camion – encore ! –, à un quart d'heure en voiture de Toulon. Éric Champ, le capitaine du RCT, était avec le bouclier et faisait la tournée des copains pour l'exhiber. Il m'avait demandé si je voulais porter l'objet et le pizzaïolo nous avait pris tous les deux en photo avec mon appareil. Champ, qui en 2006 me demandera de lui succéder comme président. Il y a toujours un sens aux choses. Ah, si j'arrive à remettre la main sur ce cliché…

Je suis un enfant du RCT. Mais j'avais zappé le club à une période de ma vie. J'étais juste un supporter lambda, heureux de fêter les titres de 1987 et 1992, de partager une immense joie. J'ai toujours eu l'ADN du club, le RCT faisant vibrer ma carte émotionnelle. Quand j'étais en tribune populaire et que j'imaginais le vestiaire comme la caverne d'Ali Baba, jamais je ne m'étais vu en prendre la tête : il s'agissait d'un autre monde. Tout a basculé par la grâce d'un prospectus.

Tandis que ma maison d'édition, Soleil Productions, ne cessait de se développer, j'avais pris de grands bureaux en récupérant l'ancien siège du Front national ! Un jour de 2005, quelqu'un a distribué un imprimé à l'accueil, sollicitant les entreprises pour être partenaire du RCT. L'objet était remonté à mon bureau, au cinquième étage, le dernier, à l'américaine. Je tenais à aider le RCT, alors j'ai reçu Éric Champ, Aubin Hueber, l'entraîneur, et Alain Colas, ancien joueur alors dirigeant du club et président de la commission sponsoring. Ils sont restés dix minutes et je leur ai remis un chèque de 100 000 euros ! C'était ma façon de participer. J'assimilais le partenariat à un don à une association. Je n'attendais rien en retour, ça ne procédait d'aucun calcul. Et puis être partenaire signifiait devenir un notable, ce qui n'était pas anodin pour moi qui souffrais d'être la première entreprise à Toulon intra-muros mais manquant de reconnaissance puisque, exerçant dans un domaine atypique, et reconnu nulle part, pas même à la chambre de commerce. D'une certaine manière, je m'achetais un peu de légitimité et de respectabilité.

Je contribuais à la notoriété du RCT en tant qu'entrepreneur local. En échange de cet investissement, le club m'a gratifié d'un paquet de billets pour assister aux matchs. On m'a expliqué que j'allais être le parrain d'une rencontre. Je me suis retrouvé au milieu de la pelouse, ma fille a donné le coup d'envoi. Bon, on en avait pris 50 contre Clermont... Après, je suis allé dans le vestiaire, l'ambiance était lourde. Je me suis rendu aux réceptions d'après-match, où les joueurs croisent les partenaires. J'ignorais jusque-là que ça existait. Parmi les autres privilèges, outre voir « Soleil » figurer sur le maillot, j'ai assisté à la partie de la remontée en Top 14, contre Tarbes. Sans doute ont-ils ferré le bon client au fort potentiel financier puisque j'avais de beaux sièges, en tribune présidentielle, obtenus par Dominique Tessier, qui allait devenir mon directeur général.

Le Front national a dirigé la ville entre 1995 et 2001. Les séquelles, alors, demeuraient vivaces. Le climat était délétère, les gens ne se parlaient plus. Le soir de la remontée, la ville s'est réconciliée, a reconstitué du liant alors que des endroits étaient boycottés. C'était la fiesta dans les rues, la communion était réelle. Dehors ce n'était pas les mêmes personnes que dix ans plus tôt après l'élection de Jean-Marie Le Chevallier. Même Hubert Falco, maire depuis 2001, sénateur et ancien ministre, n'est pas parvenu à raccommoder autant la population, à la mettre en joie de façon si intense. Quel plaisir de voir ma ville ainsi. Le sport, dans ces occasions, est plus fort que la politique. Le pouvoir du RCT, j'ai pu le constater, était extraordinaire. J'aimais cette symbolique.

Au café en bas du bureau, où j'avais mes habitudes, je croisais souvent Éric Champ. Il se garait dans le même parking que moi pour rejoindre ses propres bureaux. Nous partagions l'ascenseur quand il a demandé à prendre, dans la semaine, un petit déjeuner en ma compagnie. Je savais pourquoi il me sollicitait et quelle serait la nature de notre discussion. L'atmosphère au club était exécrable : tandis que j'étais au Festival international de la bande dessinée d'Angoulême, Thierry Louvet et Aubin Hueber, en ce mois de janvier 2006, étaient débarqués de leur poste d'entraîneurs de Toulon, alors dernier du championnat. Par solidarité, Éric Champ avait annoncé qu'il céderait son fauteuil en fin de saison.

Au lendemain du bref échange avec Champ, j'ai reçu un coup de téléphone de Stéphane Lelièvre, qui s'occupait de trois restaurants gastronomiques autour de Toulon, dont Les Pins Penchés, que je fréquentais. Cet enfant de la Ddass était une tour de contrôle, au courant de tout ce qu'il se passait en ville. Il était le mec le plus sociable que je connaisse : l'anti-Mourad ! Il savait déjà que je devais voir Champ et se proposait d'organiser la rencontre. Lors du rendez-vous, Champ m'a parlé du potentiel du RCT, nous avons évoqué la Coupe du monde qui se profilait en France. Et très vite, il m'a lâché : « Serais-tu OK pour reprendre le club ? »

J'en avais envie mais j'ai répondu par la négative. Les éditions Soleil fonctionnaient très bien, je m'étais associé avec Gallimard pour reprendre Futuropolis, j'attaquais le marché américain. Je disais aussi non car j'étais vexé de n'être que le troisième ou quatrième choix de la liste ! Dans ma tête, pourtant, je savais que j'allais accepter. Je suis très sensible aux émotions et aux expériences de vie que je ne connais pas. La proposition m'interpellait. Je commençais à me mentir. J'étais surtout embêté par le fait que, si je devenais président, c'était la fin garantie de l'anonymat. J'avais conscience, par mon caractère, mes origines sociales, ma façon de communiquer, que j'allais attirer les projecteurs. La presse sociétale allait forcément s'intéresser à cet enfant d'immigré qui reprend le symbole de la ville, anciennement aux mains du FN. C'était ma principale réticence.

Jusque-là, j'étais peinard, je roulais en Ferrari, je me faisais un restaurant étoilé par week-end, je prenais le Concorde. Je dépensais des sommes folles et je n'avais pas de comptes à rendre. J'étais repéré à Toulon, j'achetais des costumes de marque, je ne faisais pas la queue dans les boutiques, je mangeais dans des établissements luxueux où je ne réservais pas car, même si nous n'étions que quatre, je laissais une addition de seize.

À la perspective de devenir président, cette absence d'anonymat probable me perturbait. Je ne suis pas très sociable, j'instaure une distance naturelle mais les gens, sous prétexte qu'ils vous voient dans les médias, vous interpellent. Ou alors, au restaurant, regardent ce que vous mangez, ce que vous achetez lorsque vous faites les courses. Depuis qu'on me reconnaît, je marche souvent la tête basse et au pas dans la rue, pour éviter les regards. C'est la seule chose qui ait changé dans mon quotidien, excepté le fait que j'accomplisse désormais mon footing dans ma salle de sport à la maison, puisque dehors certains voulaient engager le dialogue quand je courais. Courir sur mon tapis à la maison est un moment particulier, au cours duquel je veux être seul et écouter ma musique. Évidemment, il y a aussi des avantages à la notoriété, comme être accueilli dans les hôtels par le directeur ou obtenir une table dans un trois-étoiles au dernier instant, etc. Mais je n'en étais pas encore là. Je ruminais l'appel d'Éric Champ.

J'avais dit à ma femme que je n'accepterais pas. J'ai ensuite fait ce que l'on s'applique lorsqu'on se ment à soi-même : j'ai réuni un cercle restreint d'amis aux Pins Penchés. Ils me disaient : « Essaie un an, c'est marrant. » Je suis arrivé à les convaincre que ce n'était pas ma décision mais la leur, pour ne pas m'en vouloir à moi-même.

Mon idée était la suivante : je m'occupais du sportif mais je laissais le réceptif et le partenariat à Stéphane Lelièvre, qui me poussait à accepter. Il a été emballé par l'idée d'une coprésidence. Je pensais que c'était réglé. Mais ce n'était pas encore gagné.

Nous étions le choix d'Éric Champ, président et ancien capitaine emblématique du RCT, il fallait encore que le conseil d'administration de la SAOS (société anonyme à objets sportifs) valide cette suggestion. Je me suis retrouvé au cœur d'une lutte d'influence à laquelle je ne comprenais rien et qui ne m'intéressait pas. Je n'avais pas envie de me battre, j'étais prêt à laisser tomber.

Faire des réunions, s'adresser aux anciens, agiter son réseau : très peu pour moi. J'ai laissé manœuvrer Stéphane, qui excelle dans la discipline. Il savait qui il fallait convaincre, qui allait voter pour nous. Il avait des histoires sur tout le monde, rien ne lui échappait ; cela me fascinait. Il a organisé des rencontres chez lui, déployé un lobbying ahurissant. Puis nous nous sommes retrouvés face à une assemblée générale extraordinaire, avec certains favorables à notre venue, d'autres hostiles. « Vous n'êtes pas vraiment les bienvenus », a lâché l'un d'eux sur un ton agressif. J'ai laissé Stéphane réagir, je n'ai pratiquement pas dit un mot. Aux yeux de l'assistance, il était le président, je l'accompagnais. J'étais dans ma logique. J'en voyais qui me prenaient de haut, laissant entendre que j'étais un frimeur, dépourvu des moyens annoncés.

Ils avaient déniché sur Infogreffe, le site des tribunaux de commerce, un chiffre d'affaires de 500 000 euros. Sauf que cela ne concernait que Soleil Presse, une ancienne société à moi qui vivotait. Ce n'était pas ma holding !

L'ambiance était tendue, d'autant que Toulon était totalement largué en championnat et filait vers la Pro D2. Deux clans s'opposaient, s'envoyaient des piques. Je me retrouvais au milieu d'une bagarre que je n'avais pas prévue. Les esprits se sont un peu calmés quand a été annoncé que seuls ceux à jour de leur cotisation participeraient au vote. Éric Champ est intervenu. C'est le Serge Blanco du RCT. Il a joué de son aura, de son physique[1]. Sa voix porte. Il nous soutenait et cela a pesé lourd. Les opposants étaient impressionnés. Même si j'étais discret, que je restais au coin du bois, Champ, subtil, avait compris depuis le début que ce serait moi le président. En fin de séance, la décision a été mise au vote, avec le verdict deux semaines plus tard.

Le jour J, je suis resté chez Stéphane avant qu'on ne nous appelle pour nous prévenir que le résultat était positif, que nous avions été choisis. Je ne m'étais pas spécialement bagarré pour cela, mais nous allions devenir présidents. Nous sommes allés fêter ça en boîte. Je n'avais pas mesuré que ma vie allait changer. Tout le monde nous félicitait. Jamais je n'ai reçu autant de messages, de gens de toutes sortes. Cela dépassait l'entendement.

J'ai alors rappelé ce que j'avais annoncé : « Je vous promets que je vais faire de mon mieux. Je ne sais pas si mon mieux suffira mais ce sera mon mieux. » En juillet 2006, deux mois après que nous avions été élus à l'unanimité des 25 membres du comité directeur de l'association, la section professionnelle

1. Colosse de 1,96 m pour 96 kg, surnommé durant sa carrière Éric le rouge ou le Barbare de la Rade, il compte 42 sélections en équipe de France.

s'est transformée en SASP (société anonyme sportive professionnelle), dont nous avons pris Stéphane et moi le contrôle à 51 %. Le RCT, à une journée de la fin, était dernier du Top 14. Mon objectif personnel consistait à remonter immédiatement avant de revenir chez Soleil. D'ailleurs, nous nous étions engagés à rétrocéder gratuitement nos parts au club s'il ne retrouvait pas l'élite dans les deux ans. Seul, je n'aurais pas participé à l'aventure. J'avais besoin de l'intelligence de Stéphane, de son tissu relationnel et de sa vivacité d'esprit.

J'avais hâte de m'occuper du sportif.

Pour moi, les choses paraissaient très simples : on prenait dix joueurs du Top 14, on en collait 50 à tout le monde et on quittait la Pro D2. Pour le recrutement, j'avais pris des internationaux français, anglais et irlandais, des joueurs du Super 14. Bref, un recrutement spectaculaire. Fanfaron, j'avais déjà annoncé avoir inventé le Top 15 ! Le RCT n'était pas un projet de vie ou d'entreprise : j'ambitionnais de renouer immédiatement avec le Top 14 puis de reprendre ma place au chaud dans l'édition. Je passais rarement au club. J'étais prêt à perdre de l'argent mais pas du temps. Mon job, c'était la BD. Pour gérer Toulon au quotidien, je faisais confiance. Stéphane Lelièvre a rapidement perçu que les choses ne fonctionnaient pas de manière idéale et que cela allait coûter beaucoup d'argent.

J'ai découvert des phénomènes bizarres, des appels d'offres curieux, des conflits d'intérêts. Durant cette période de flottement, Champ ayant pris du recul et le pouvoir n'étant pas encore clairement défini, je me suis aperçu que des sociétés percevaient du club des sommes importantes pour un partenariat inexistant ou presque, que des faveurs étaient accordées à des amis, qu'un traiteur pratiquait des tarifs exorbitants, qu'on utilisait une entreprise de sécurité dont on représentait 100 % du chiffre d'affaires et qui, en plus, organisait un trafic de faux billets qu'elle était censée démasquer ! Nous les avons attaqués et emportés devant le tribunal. J'ai investi 6 millions d'euros et, après avoir fait confiance et payé pour apprendre, j'ai commencé à mettre le nez partout. À l'époque, la sécurité du stade nous coûtait 350 000 euros. Aujourd'hui, pour une prestation similaire, on est descendu à 100 000. Beaucoup de choses étaient surpayées, la plupart par négligence. Il n'y avait pas de détournements de fonds mais rien n'était anticipé. Malgré une bonne volonté évidente, ça ressemblait à du bricolage. Des gens n'ont pas dépensé l'argent du club avec la même vigilance que si c'était le leur. Au fil des semaines et des constatations, j'ai nettoyé tout cela, réorganisé les prestations tant les contrats étaient mal négociés. J'ai commencé à faire des audits car des attitudes n'étaient pas acceptables, à l'exemple encore de cette maison louée sous le bail du RCT à un joueur qui n'était plus au club. On m'a expliqué qu'on l'avait louée à un rugbyman de Carqueiranne, lequel devait payer son loyer en liquide. Leur président devait penser que je mettais le loyer dans les charges et le black dans la poche. Des salariés avaient leurs habitudes, que l'on est venu perturber.

Sur le plan économique, j'avais trouvé un club en bon état, à la santé financière sans mauvaise surprise. Les comptes étaient équilibrés, il n'y avait pas de cadavre dans les tiroirs, avec de mauvaises provisions. En revanche, si la naissance du RCT remontait à plus d'un siècle[1], il ne possédait pas le moindre actif immobilier. Le club restait géré dans un esprit associatif. Jérôme Gallion puis Éric Champ, deux joueurs

1. Le Rugby Club Toulonnais est né en juin 1908, dans un des salons du Coq Hardi, grande brasserie toulonnaise de l'époque, mais ne sera déclaré qu'en 1917 en sous-préfecture.

historiques de l'équipe devenus présidents, l'avaient remis sur pied mais sans procéder à trop d'investissements, par sécurité, pour minimiser les risques de rechute[1].

Quand j'ai annoncé que j'allais être présent à plein temps, ils sont quelques-uns à avoir demandé à quitter le club. J'ai rationalisé nos dépenses, donné concession à Casino pour les buvettes. Les places du stade sont entièrement numérotées, tout est épluché avec rigueur. Personne n'a de passe-droit, le favoritisme n'existe pas, même si je peux donner deux invitations à ma mère pour ses copines : si je ne le fais pas, je vais en entendre parler une semaine ! Désormais, ce que le RCT achète l'est au meilleur prix. Les marchés sont réattribués régulièrement. Chaque six mois, je remets tout en question. Nous sommes ainsi les moins chers dans des tas de domaines. J'utilise une méthode initiée en réclamant un crédit. J'avais fait appel à deux banques avec qui je travaillais ainsi qu'à une troisième, et j'avais demandé à chacune de mettre dans une enveloppe le taux auquel elle pouvait me prêter l'argent. J'avais annoncé que je ne bosserais plus avec celle au taux le plus élevé, ce qui m'avait permis *in fine* d'emprunter à 2,12 % à taux fixe pour un gros achat immobilier. Avoir ce type de pouvoir a un côté jouissif car je présentais de solides garanties et le délai d'emprunt était court : les banques avaient tout intérêt à jouer le jeu. C'est pareil avec les partenaires du RCT. J'achète au plus juste, et on peut encore faire mieux. On peut me reprocher mon sale caractère ou mes outrances dans l'expression mais il n'est pas possible de m'attaquer sur l'intégrité et l'honnêteté.

Quand j'ai pris le RCT, il sortait sur le plan sportif d'une saison ratée. Il fallait accélérer, injecter de l'argent pour recruter. Stéphane Lelièvre et moi avions un engagement

1. En juillet 2000, le club avait été rétrogradé par la Ligue nationale à cause d'un déficit cumulé de 10 millions de francs.

financier mais il convenait d'investir plus. J'en avais la possibilité, lui moins.

J'ai proposé de le faire à sa place, il a accepté : j'ai racheté ses parts et suis devenu actionnaire majoritaire. Notre cohabitation connaissait quelques heurts mais rien de grave. Il est de toute façon difficile de partager le pouvoir. C'était une erreur, il s'en est rendu compte. Le pouvoir et la gloire ne se scindent pas. Je n'aimerais pas être associé avec moi-même ! J'ai accaparé toute la lumière, il était dans l'ombre. Stéphane en a pris acte et, n'étant plus en mesure de remettre au pot, a préféré se retirer.

Je suis devenu seul président. J'ai commis des erreurs, naturellement. Je me suis par exemple fait avoir par des agents. J'ai été bizuté. J'ai voulu montrer ma gueule et j'ai signé des chèvres, comme ce pilier gauche qu'on m'a vendu à droite et qui n'avait jamais joué sur ce côté ! J'ai engagé des mulets qu'on m'a présentés comme des chevaux de course. Au début, les entraîneurs, que je terrorisais, n'osaient pas dire non. Ils étaient heureux d'être à Toulon, de toucher leur salaire. Le premier agent que j'ai rencontré a été Pascal Forni[1]. Il m'a reçu chez lui et m'observait, les bras croisés. Rodrigo Roncero, l'international argentin du Stade Français, était là. « Quand tu seras grand, tu auras des piliers comme ça », m'a-t-il dit en parlant de Roncero. Pascal exhibait sa montre Cartier, je mettais en évidence ma Breitling en or sertie de diamants, façon de lui répondre et de lui dire qu'à Toulon aussi, on a les moyens.

1. Fils de Raymond Forni, président PS de l'Assemblée nationale de 2000 à 2002, Pascal Forni, ancien agent de Roland Magdane et ex-producteur de télévision, est le pionnier en France des agents du rugby. Il a ainsi géré près de 400 joueurs !

« Il faut que tu saches une chose, a-t-il poursuivi : c'est moi qui ai fait Montauban en Top 14 et c'est moi qui vais faire monter Lyon. Dans le rugby, si tu veux exister, tu dois faire avec moi. » Il m'a indiqué que ma priorité était d'avoir un buteur et un « papa », un élément expérimenté. « J'ai les deux. Le buteur, on va l'appeler maintenant et je vais le convaincre de venir », m'a-t-il lancé.

Sous mes yeux, il a appelé Gonzalo Quesada, alors à la Section paloise après une saison au Stade Français, et l'a invité à Toulon. J'étais ravi. Ce demi d'ouverture, international argentin, pour moi, était une star, un nom. J'avais le sentiment que Pascal Forni m'accordait d'entrée une faveur. J'ignorais que Quesada cherchait un club et n'était pas un plaqueur hallucinant. « Pour ton "papa" devant, a-t-il poursuivi, ça va être Marc Raynaud. On va le faire quitter Montauban, il va venir. » Il a appelé Marc devant moi, qui n'a pas répondu. Le troisième-ligne centre me contactera plus tard pour m'annoncer qu'il restait fidèle à son club.

Pascal Forni était le seul agent que je connaissais. Je pensais tout faire avec lui. Il comprend vite et a mesuré que Toulon avait de l'argent à dépenser. Je débarquais dans le rugby, je n'avais aucune idée des besoins et je voulais comprendre comment le système marchait. Les agents surfent sur la concurrence et la passion des présidents pour augmenter les salaires. Beaucoup de ces derniers sont des fondus qui, aveuglés, commettent des erreurs, moi le premier. Mais sans doute y avait-il besoin de réajuster les salaires des joueurs. Il n'y a pas de raison que les rugbymen soient les cocus du développement économique de notre sport.

Parmi les agents, il en existe de très honnêtes avec qui on se marre bien. D'autres, peu nombreux, ont moins de scrupules.

Ces marchands-là, qui nous vendent des lasagnes au bœuf qui ne sont pas vraiment du bœuf, je les ai identifiés. D'ailleurs tout le monde les connaît. Ils sont là uniquement pour faire des coups, ne possèdent aucune notion de l'économie du rugby et s'en moquent. Si demain le rugby dépose le bilan, ils iront dans un autre sport. La majorité veille toutefois à conserver un certain équilibre. Dans une négociation, leur intérêt est de faire monter les enchères. On ne sait jamais s'ils disent vrai, il faut prendre des risques. Cela ressemble à une partie de poker.

Cette saison, j'ai dit stop à un contrat, affirmant que non seulement je ne proposais pas plus mais que je baissais mon offre. Je ne bluffais pas, j'en avais marre, c'était à prendre ou à laisser. J'aurais pu perdre, je n'en avais plus rien à cirer. Et le joueur a signé ! Le pire survient lorsque l'agent vous assure que son poulain n'en fera pas une histoire d'argent. Alors là, vous pouvez être sûrs qu'on ne va parler que de ça...

J'ai donc démarré à Toulon par une saison en Pro D2. Comme entraîneur, j'ai gardé Alain Teixidor, qui avait milité pour ma venue. Arrivé en janvier 2006, il n'avait pas pu empêcher la rétrogradation. J'avais recruté du lourd, de Jean-Jacques Crenca – l'ancien pilier des Bleus, un taiseux d'allure assez rustre, avait annoncé à 38 ans sa retraite à Agen, mais je l'avais convaincu de poursuivre une dernière année chez nous – au demi d'ouverture Yann Delaigue qui avait été surnommé le Petit Mozart, de l'Irlandais Rob Henderson à Gonzalo Quesada, du Sud-Africain Nico Breedt à l'ancien champion du monde anglais Dan Luger.

Teixidor, accompagné d'Olivier Beaudon, m'avait dit que, avec une telle équipe, il ne craignait personne, y compris en Top 14. Parmi les recrues, donc, Yann Delaigue. Un enfant de Toulon, champion de France à 19 ans en 1992, plus tard encore champion de France et d'Europe avec le Stade Toulousain. J'ai de l'estime pour lui mais on ne l'a pas recruté à la bonne période. Il nous a menti sur son âge, il avait deux ans de plus que ce qu'on m'avait vendu ! Encore un bizutage... La Pro D2 exige des efforts particuliers et, dans sa tête, il n'était pas prêt à plonger les mains dans le cambouis. Dommage car cette saison a injustement abîmé son image. Je « badais » le joueur, c'était une sorte de Michalak, il avait la classe et un talent inné dans sa façon de jouer. Progressivement il est devenu remplaçant de Chris Rossouw. Déçu de son rendement, j'avais déclaré dans une interview : « J'ai l'impression qu'on a recruté Robert Delaigue, son père. Mais on ne va pas tarder à retrouver l'un des meilleurs numéros 10 de France. » Évidemment, la seconde phrase du propos a été coupée.

Yann m'a appelé pour me glisser que, désormais, à cause de moi, tous ses potes lui lançaient au téléphone : « Allô, Robert ? » Il se faisait chambrer, ça l'avait plutôt amusé. La fin de l'histoire moins puisqu'il a fait partie d'un groupe de neuf joueurs que j'ai décidé d'exclure du groupe professionnel pour créer un électrochoc après une défaite à domicile face au Racing. Il n'a pas digéré. Il commençait à beaucoup monter à Paris, où habitait sa compagne, qui travaillait dans les médias. Je lui ai demandé de ne plus se rendre dans la capitale pendant ses jours de repos. J'étais énervé. Prendre l'avion dans la semaine le fatiguait.

Un jour, je l'ai invité à déjeuner. Je lui ai fait remarquer que Toulon est un village, que tout se sait et notamment quand il laisse sa voiture à l'aéroport. Je lui ai expliqué que l'on allait sans doute se qualifier pour les phases finales de Pro D2 et que je lui donnerais autant de congés qu'il le souhaitait mais seulement une fois qualifiés. Mon marché : « Pendant un mois, tu ne bouges pas et après je te fiche une paix royale. » Il a accepté. Le soir même, il montait à Paris !

Je l'ai mis à pied. Vexé, il m'a envoyé un certificat médical extraordinaire. Le médecin avait diagnostiqué un traumatisme réactionnel ! Avant de parvenir à un tel verdict, le pédopsychiatre Marcel Rufo mettrait au moins trois ans. Là, il a suffi au bienveillant généraliste de dix minutes pour le déclarer un mois en arrêt maladie. J'avais ma réponse... Deux solutions s'offraient à moi : ou je l'obligeais à aller au bout de son contrat et à rempiler un an de plus, ou je le libérais. La première conclusion n'était pas un cadeau car le public toulonnais l'avait pris en grippe, le sifflait et avait des réactions hostiles, notamment *via* des allusions à sa vie privée. Je trouvais cela honteux, même si un spectateur avait lancé une fois un truc amusant : « À Castres, tu portais le casque, chez nous tu portes le brushing ! »

Nous avons finalement trouvé un accord qui arrangeait tout le monde, même si cela coûtait de l'argent au club puisque Yann nous devait sa deuxième année. Son avocat a juste demandé que, dans le communiqué commun, nous ayons des mots élogieux à son égard. Je l'ai fait bien volontiers car il le méritait. Lorsque j'ai mis des joueurs à pied, dont Yann, j'ai subi de virulentes critiques et, une semaine plus tard, à la demande de leurs partenaires, je les ai réintégrés.

Quand en Pro D2 on dispose d'un tel budget, c'est-à-dire 12 millions, j'estimais que les joueurs avaient aussi des devoirs. Je demandais aux internationaux d'assumer leur statut de cadre, d'être leader en dehors du terrain et exemplaire sur celui-ci. Ce n'était pas le cas. Avec le rugby, j'ai découvert le monde des CDD. Jusque-là, je ne versais que dans le CDI. Là, je tombais sur des joueurs qui avaient des droits et aucun devoir. Le garçon signe deux ans, vous les lui devez, même s'il les passe assis dans un fauteuil. C'est le cas aussi des entraîneurs virés et que l'on plaint systématiquement ; reste que ces coaches débarqués touchent la totalité de leurs indemnités puis le chômage.

Pendant cette période, j'ai pris des coups. Ces épreuves m'ont endurci. Je me suis aussi forgé mon image de mec avec qui on ne sait pas ce qu'il va se passer. Cette première saison a été riche en émotions. Elle a été marquée par le renfort d'une immense star. Dès que j'ai commencé à bâtir le recrutement, j'ai voulu le meilleur joueur du monde : Tana Umaga, le trois-quarts et capitaine des All Blacks. Quand j'ai commencé à me renseigner sur son prix, un agent m'a répondu : 350 000 euros. Une grosse somme, certes, mais j'ai dit banco, avec la conviction de ne prendre aucun risque puisque j'avais les moyens de le payer. Encore une fois, je ne vis que dans le danger. Restait maintenant à joindre Umaga !

J'ai d'abord rencontré un gars que tout le monde connaît en ville, Cyril, sorte de conseiller de Momo Dridi, troisième-ligne de chez nous tout juste parti au Biarritz Olympique. Il m'a aiguillé vers un homme sélectionné une fois avec les All Blacks et parlant français : Simon Mannix, ancien champion d'Angleterre avec Philippe Saint-André, qui démarrait sa carrière de coach. « Si tu lui promets un contrat d'entraîneur, il te fera venir Umaga », me certifia Cyril. Le courant est passé avec Mannix. Il m'a donné le mail de l'agent du joueur et la discussion s'est engagée avec Rob Brady.

Via mon directeur général, installé dans les bureaux du RCT, à l'époque 20 mètres carrés sous le stade Mayol, tandis que je restais chez Soleil, nous avons noué un premier contact. Nous avons présenté les atours de la ville, du club, lui avons parlé de Mannix et d'autres choses mais, surtout, nous ne mentionnions pas que nous étions en Pro D2... Le courriel est parti, comme une bouteille à la mer. En retour, il nous a été expliqué que le projet l'intéressait mais que, si l'affaire se nouait, Umaga ne pourrait rester que deux mois, le temps de la coupure avec son club néo-zélandais des Wellington Hurricanes. Je m'en foutais. Je cherchais mon effet d'annonce pour Toulon. Dans ma tête, je me disais : on le fait venir deux mois et, ensuite, il ne voudra plus partir. J'étais sûr de moi.

La discussion s'est poursuivie, il nous a été posé de nombreuses questions, auxquelles nous répondions studieusement. Puis j'attendais nerveusement le prochain mail – il arrivait toujours la nuit, compte tenu du décalage horaire – qui dirait : « Ce n'est pas mal, mais... ! » Cela ne se produisait pas. Alors les échanges reprenaient. Un peu plus tard, quelqu'un se présentant comme le correspondant français d'Umaga a demandé à me rencontrer sur Paris pour évoquer son éventuelle venue. J'ai pris le premier vol.

L'agent exigeait de la discrétion. Si ça s'ébruitait, tout s'arrêtait. Umaga, pour jouer quelques semaines en Europe entre deux saisons en Nouvelle-Zélande, avait besoin d'une lettre de sortie de sa Fédération. Problème : Stéphane Lelièvre, au courant de la situation, parlait un peu trop. Les restaurateurs sont aussi bavards que les coiffeurs ou les chauffeurs de taxi ! Le bruit, fou, a commencé à se répandre dans Toulon. C'était tellement improbable que personne n'y croyait. Toulon, qui sortait de 23 défaites en 26 matchs de Top 14, Toulon alors en Pro D2 et avec des résultats ordinaires. En face, Tana Umaga, 33 ans, trois-quarts centre néo-zélandais d'ascendance samoane, 74 sélections avec les All Blacks dont 21 comme capitaine, pour 36 essais marqués. J'avais moi-même suggéré l'hypothèse auprès de journalistes mais, comme j'avais picolé, ils n'ont pas dû me prendre au sérieux...

Finalement, nous avons trouvé avec Umaga un accord pour deux mois. Mais nous étions convenus de ne pas préciser de durée auprès du public, pour entretenir le flou. Sinon, cela aurait cassé la dynamique. Quand, en octobre 2006, il a reçu sa lettre de sortie, plus rien ne pouvait s'opposer à son arrivée. Je déjeunais chez Stéphane aux Pins Penchés avec deux partenaires quand j'ai reçu le fax de confirmation. J'avais beau être un tout jeune président, je savais que ce spectaculaire transfert allait marquer l'histoire du championnat de France.

Dans la venue d'Umaga, il y avait une part de magie. Et le début de la création de l'économie du rugby à Toulon, sachant que, pour moi, le véritable prix d'un joueur est la différence entre ce qu'il coûte et ce qu'il apporte.

4

De la rue Baudin à Maxim's

Ollioules, petit village du Var de 13 000 habitants, 7 kilomètres à l'ouest de Toulon. C'est là où je suis né, le 5 juin 1960. J'ai grandi les quatre premières années de mon existence dans le quartier Saint-Jean-du-Var, à Toulon. J'en ai peu de réminiscences. Mon frère, qui a sept ans de plus que moi, sans doute davantage, de même que mes deux sœurs aînées.

Mon père conduisait des camions pour le service voirie de la municipalité. Un jour, il nous a annoncé que nous allions déménager. Il avait obtenu un logement de fonction. À 4 ans, je me suis donc posé dans un appartement de la rue Baudin. Il y avait là une chapelle arménienne et des associations.

La petite rue Baudin, aujourd'hui rénovée, était située dans ce que l'on appelait le petit Chicago. C'est-à-dire, pour les marins, le quartier mal famé, dans la basse ville, près de la sortie de la porte principale de l'arsenal. Bref, l'endroit chaud de l'après-guerre, peuplé de bars à matelots et à hôtesses, de prostituées et de proxénètes, de trafics et de bagarres. La rue, alors, était surtout le quartier des immigrés. Maurice Arreckx, déjà, était le maire de Toulon.

Mon père possédait une pièce rien que pour lui, au rez-de-chaussée. Il avait son atelier et il était sacrément doué pour réparer des téléviseurs, des postes de radio et des montres. Il avait d'ailleurs monté un petit business. Ma mère était la gardienne de l'immeuble de la rue Baudin : avoir un salaire pour une femme immigrée n'était pas si fréquent.

En plus de cet argent valeureusement gagné, elle bénéficiait pour faire tourner la maison d'une somme fixe que lui accordait mon père tous les mois.

J'ai été marqué par le Smic à 2 000 francs : c'était le salaire de mon père. Il améliorait l'ordinaire en réparant toutes sortes d'objets. Car, davantage que par la conduite de camions pour la ville, ses semaines étaient marquées par l'ouverture de la salle de ventes, les mercredis et samedis. C'est là où il récupérait les postes de télévision qu'il rafistolait. Cela s'est su et ça tapait à la porte toute la journée. Au début, mon père travaillait en solo. Quand l'activité s'est développée, il a pris quelqu'un pour l'aider : M. Robin, qui fut le premier employé au noir des Boudjellal !

Le rez-de-chaussée était son sanctuaire. Il m'a tout de même laissé un pan de mur où j'ai monté des étagères pour y entreposer mes bandes dessinées. J'étais le seul autorisé à pénétrer dans la pièce, sans doute parce que j'étais le petit dernier. Quand je voulais en emprunter, je passais dans son atelier, où je voyais du monde. Cela impliquait de vivre constamment habillé. Je partageais au deuxième étage ma chambre avec mon frère, mes deux sœurs étaient entre elles. Dans les escaliers il n'était pas rare non plus de croiser d'autres gens, sévissant pour les associations installées dans cet immeuble de trois étages. J'ai vécu au milieu de cette agitation.

C'est au milieu des années 1950 que mes parents ont pris le bateau d'Algérie. Ils sont venus s'installer en France pour chercher du boulot. Ils auraient pu s'arrêter au port de Marseille, ils ont choisi celui de Toulon. Dans l'esprit de ma mère, nous retournerions plus tard en Algérie. Elle avait 14 ou 15 ans quand elle a épousé mon père. L'époque n'était pas véritablement au mariage d'amour. Fatalement, ça se ressentait dans le couple. Les disputes étaient fréquentes, surtout quand mon père avait bu : il avait l'alcool mauvais. Les repas, à cet égard, étaient terribles. Ils nous angoissaient, tant mon père pouvait déraper à cause du vin.

Un événement nous a marqués : lassé des accès de violence de mon père envers ma mère, mon frère, pourtant atteint de la polio, s'est levé de table et s'est battu avec lui. Les repas étaient une torture. Personne ne parlait. Le bruit produit par mon père en mangeant insupportait ma sœur, qui ne pouvait s'empêcher de faire des réflexions.

Pour les vacances scolaires, nous partions en colonie, grâce à la mairie. Mon frère et moi faisant de l'asthme, nous avions aussi droit aux cures thermales, qu'on se faisait offrir. Direction La Bourboule, en Auvergne, ou Allevard, entre Grenoble et Chambéry. Mon père nous emmenait dans sa Panhard. Tous serrés dans la voiture familiale. Le trajet n'en finissait plus, on vomissait. Ces voyages étaient interminables. Mais je préférais les cures aux colonies, dont j'avais horreur. Je me suis construit dans cet univers.

Mon père était dans son monde à lui. Il déployait son business, s'occupait de ses télés, de ses montres tout en jouant de l'accordéon et du violon, instrument pour lequel il a même eu un premier prix de conservatoire. Il partait du principe que, même si tu ne joues qu'un seul morceau, il convient de savoir le maîtriser à la perfection. Il a, du coup, passé trente ans à jouer le même morceau, qu'il ne jouait d'ailleurs pas parfaitement ! Mais mon père avait une sensibilité de musicien, une rareté dans le milieu immigré.

Naïf et généreux, il se faisait avoir par de pseudo-amis. Ces médiocres qui, une fois qu'il avait bu, abusaient de son argent. Une fois, il a été arrêté et placé en garde à vue pour une histoire de télévision volée alors qu'il l'avait rachetée pour la restaurer. Il était incapable de malhonnêteté. Du genre, s'il trouvait un portefeuille par terre, à le rapporter au commissariat. Il ne voulait pas d'un argent qui ne lui appartienne pas. Dans cette affaire, il avait dû acheter le téléviseur à des voyous. Je croise encore parfois des gens qui l'ont connu.

Nos rapports étaient limités, nous ne nous sommes quasiment pas parlé. Il savait pourtant se montrer affectueux. J'écoutais les matchs de l'OM avec lui à la radio. D'une certaine façon, j'étais son chouchou.

Il était discret sur le sujet, mais il a souffert du racisme. Un jour que nous étions à la cafétéria Casino, il a refusé de faire la queue. Quand je lui en ai demandé la raison, il m'a rétorqué : « J'ai déjà fait la queue pour manger pendant la guerre. » Il avait une bonne tête d'Arabe, les cheveux bien frisés. Dans les rues, j'entendais des gens lui balancer : « Sale Arabe, retourne dans ton pays. » Ce à quoi il répliquait : « Paye-moi le voyage ! » Les réactions se montraient parfois violentes.

À Toulon, nombreux étaient les représentants de la communauté pied-noir, qui ont quitté l'Algérie à regret. L'indépendance du pays, en 1962 après les accords d'Évian, n'a pas été bien vécue par tout le monde. La culture pied-noir est hélas en train de disparaître, y compris l'accent, pourtant chaleureux. Mon père, en réalité, possédait deux prénoms : il s'appelait Ahmed-Michel, résultante de l'antagonisme entre la culture de son père, algérien et musulman, et de sa mère, arménienne et chrétienne. La plupart l'appelaient Michel. Pour nous, c'était Papa, ou Ahmed.

J'ai rarement été victime de racisme dans mon enfance. Toutefois, en classe de troisième, alors que j'avais 11 ou 12 de moyenne, l'école avait décidé de m'orienter en seconde technique. Je ne le voulais pas, mes parents non plus. Ma mère souhaitait que je fasse des études littéraires. Elle a pris rendez-vous avec ma professeure, qui lui a dit : « Je n'ai aucun problème avec votre fils, mais je pensais que ça vous arrangeait qu'il travaille tôt ! » Cela s'apparentait pour moi à une forme de racisme, comme lorsque, aujourd'hui encore, on me lance : « Tiens, toi tu dois savoir où manger un bon couscous ! » À part chez ma mère, non, je ne sais pas !

Je ne fête plus mon anniversaire depuis le 5 juin 2000. Ce jour-là, j'ai eu 40 ans. Ce jour-là, mon père est mort. Pour nous, il était immortel. Il avait une santé de fer, continuait à travailler à plus de 70 ans, marchait toujours aussi vite, au grand dam de ma mère qui peinait à suivre son rythme. Depuis quelque temps, il était malade. Mais son état s'était amélioré. Après le déménagement de la rue Baudin, il avait pris un petit logement. Je l'avais fait venir chez moi dans un appartement au Morillon, avec vue sur la mer. C'est la seule fois où je lui ai donné du vin ; c'était ma hantise. Il était passé manger un morceau et j'avais débouché une bonne bouteille. Il allait certes mieux mais ma sœur voulait qu'il soit hospitalisé à Paris.

Le 5 juin à 9 heures du matin, elle m'a appelé. Je croyais que c'était pour me souhaiter mon année supplémentaire. Hélas, c'était pour m'annoncer le décès de notre père, mort de négligence à l'hôpital. Nous avons envisagé de porter plainte. Puis la douleur l'a emporté. Je suis monté à Paris en voiture.

J'ai mis six-sept heures pour arriver. Je ne voulais pas voir le corps. Mon frère et ma sœur ont insisté. Je suis resté seul avec lui. Qu'on sorte le corps de votre père d'un tiroir est un instant particulier. Face à lui, je me suis retrouvé comme un con. Et je lui ai enfin parlé !

J'ai choisi de rester dormir à Paris. Le jour où vous perdez votre père, vous avez envie qu'il passe vite, pour pouvoir parler de cette journée au passé. J'ai traîné autour de mon hôtel, près de la place de la Concorde. Les prostituées étaient de sortie et en nombre. Je n'en suis pas consommateur, ce n'est pas mon truc. Une d'elles m'a branché. Elle spéculait que je cherchais une poule, je lui ai dit que je n'étais pas client avant de lui expliquer ma présence. Elle était sympa, nous avons papoté cinq minutes. Ses propos étaient intelligents, son analyse de l'existence brillante. J'ai pu aussi, de la sorte, avoir un aperçu de la détresse humaine. Je me suis demandé comment cette femme avait pu se retrouver sur le trottoir. Depuis cette date, il n'est plus question de célébrer mes anniversaires. Cela ne me dérange pas : j'ai toujours trouvé ça stupide. J'aime faire la fête mais quand j'ai des raisons de la faire. De toute façon, on ne réveillonnait pas dans mon enfance.

Mon histoire familiale n'est pas simple. L'une de mes sœurs, Leila, en a beaucoup souffert. Elle en souffre toujours. C'était une fille brillante. Après son bac, elle a décidé, de façon volontaire, de se fermer au monde. Elle vit toujours à Toulon, chez ma mère, Zakia, chez qui je me rends cinq ou six fois par semaine : c'est dans notre éducation. Je ne reste pas longtemps mais je passe, souvent avant le déjeuner. Ma sœur est là également. Elle ne dit rien. Pas un mot.

Ma mère se sent responsable. Comme toutes les femmes arabes, elle a refusé de la placer dans un établissement, malgré ses dépressions et ses crises de rage. Elle a huit ans de plus que moi et, depuis qu'elle a 19 ans, s'est totalement fermée à la vie. Vous lui adressez la parole, elle ne répond pas. J'ignore précisément pourquoi, elle qui était si joviale et intelligente. C'est compliqué à gérer et lourd à porter, d'autant qu'elle peut encore avoir des attitudes violentes. Cet état de fait est une douleur dans la famille.

Mon frère, Farid, lui, est installé à Paris, ma sœur Abida, mon aînée de dix ans, aussi. Veiller sur ma mère et ma sœur représente une charge supplémentaire. Je dois à ma mère en partie ce que je suis. J'aurais pu virer voyou. Quand je n'avais pas envie d'aller à l'école, elle me forçait. Elle faisait régner la terreur pour que l'on obtienne des résultats scolaires corrects et elle avait raison. La terreur, parfois, a du bon. Elle savait lire les bulletins, donc impossible de l'embrouiller.

Mariée très jeune en Algérie, ma mère s'est bâtie seule. Elle a été confrontée au monde actif alors qu'elle n'était qu'une enfant. Elle est toujours installée dans un petit appartement, qu'elle ne veut pas quitter, pour demeurer près de ses copines. Quand elle a accepté de déménager, j'avais une zone de recherche de 12 mètres carrés ! Elle refuse d'abandonner son quartier. Si je lui prends un bel endroit, elle craint d'être isolée et que ses voisins ne lui parlent pas. Cela me permet de replonger dans l'univers de la rue Baudin, et de tomber sur des personnes qui sont surprises de me trouver dans une HLM.

Quand j'avais un peu moins de 5 ans, le général de Gaulle est venu à Toulon. C'était le 15 août 1964, pour le vingtième anniversaire du débarquement en Provence. Il avait inauguré le Mémorial national, situé au mont Faron, puis assisté aux côtés de son premier ministre Georges Pompidou et de Jacques Chaban-Delmas à la revue navale dans la Rade, et enfin au défilé militaire. À cette occasion, il m'avait touché la tête, m'avait caressé les cheveux.

Je n'étais pas typé arabe, j'avais les cheveux raides comme des spaghettis. Alors que je m'amusais avec les copains de la rue Baudin, les commerçants – il y avait un coiffeur, un teinturier, un poissonnier, un magasin de meubles – m'attrapaient pour me demander pourquoi je jouais avec les Arabes, puisque je n'en étais pas un. Ce petit monde m'aimait bien, j'étais atypique parmi les gamins. À 18 heures, je batifolais encore dans la rue. C'est alors que ma mère sortait avec une raquette de bois qu'elle menaçait d'utiliser si je ne rentrais pas immédiatement faire mes devoirs !

Je n'étais pas un élève hallucinant mais j'ai vite compris que seul le troisième trimestre comptait. Je ne faisais pas grand-chose les deux premiers, puis je me rattrapais. J'arrivais toujours à m'en sortir, surtout que je craignais la rouste maternelle...

Le soir, l'heure fatidique du coucher était fixée à 22 heures. Extinction des feux obligatoires, même si le film n'était pas terminé. J'ai dû négocier une fois comme un malade pour aller au bout de *La Guerre des mondes* d'après H.G. Wells, la première version, celle de 1953, dont j'avais déjà été privé de la fin. En revanche, pour le premier pas de l'homme sur la Lune, en juillet 1969, nous avions été autorisés à veiller plus tard que prévu.

Pour les BD, j'avais trouvé un stratagème avec une petite lampe afin de pouvoir les lire au fond de mon lit, sans que personne ne me repère. J'écoutais aussi les matchs à la radio, de même que Georges Brassens et Jacques Brel. Le dimanche, lui, était consacré au marché, où je me débrouillais pour vendre un tas de choses.

Farid était déjà doué pour le dessin. Quand on a un grand frère, on cherche à l'épater, pour exister. Alors qu'on ne se parlait plus, j'ai acheté des exemplaires de la série *Capt'ain Swing*. Je savais qu'il serait intéressé. Du coup, on a recréé du lien. Tous les deux nous nous sommes pris d'une passion exceptionnelle pour la BD.

Comme j'étais davantage en mode business et lui artiste, j'ai monté une petite entreprise vers 10 ans. Dès cinq heures du matin, le dimanche, on se réveillait pour aller aux puces à vélo chercher des BD pas chères. Et nous les revendions quelques heures plus tard au marché à un tarif plus élevé.

Ma grand-mère paternelle, elle, utilisait une autre technique : elle vendait aux puces ce qu'elle avait ramassé dans les poubelles. C'est pourquoi elle était la honte de la famille. Mon père était son fils unique, elle avait avec lui les rapports d'une mère juive. Marie Caramanian[1], chrétienne orthodoxe, a fui la Turquie en 1915 pour échapper au génocide arménien. Elle était la seule rescapée de la famille.

C'est dans la patrie de Mustafa Kemal Atatürk qu'elle rencontrera son mari, Moussa Boudjellal Ben Ahmed Ben Abderramane, un musulman algérien que je n'ai jamais connu. Ils se sont ensuite installés en Algérie. À sa mort, elle a rejoint Toulon. Chaque jour après l'école, vers 16 h 30, je passais la voir. Cela constituait une sorte d'échappatoire

1. Farid Boudjellal lui a consacré une BD sensible, *Mémé d'Arménie* (Futuropolis). En fin d'ouvrage, un joli texte de Martine Lagardette retrace l'exil de sa grand-mère : Marie, fille de Bedros et Sarah Caramanian, née à Constantinople en 1904. Elle n'a jamais rien dit des conditions dans lesquelles elle a survécu au génocide. Son futur mari l'aurait échangée à un officier turc contre des chevaux. L'ouvrage se conclut ainsi : « A-t-elle été inhumée selon le rite de l'Église catholique, accompagnée par les fidèles de la petite église arménienne de la rue Baudin ? Seul Michel-Ahmed aurait pu répondre, mais il s'est tu à jamais. L'absence altère la frontière qui sépare le passé du présent et la mémoire fragmentée ne laisse plus filtrer que des souvenirs sépia. »

à la pression de la maison. Elle m'a transmis son amour de l'Arménie, ses valeurs. Elle ne voulait pas que j'aie uniquement du sang arabe ! Elle m'a appris à aimer le café turc, qu'elle m'autorisait à boire tant c'est important dans sa culture. Elle m'a aussi enseigné à lire dans le marc de café, qu'elle conservait plusieurs jours.

Elle ne maîtrisait pas le français, ne savait ni lire ni écrire, s'exprimait dans un mélange d'arabe et de turc, mais elle parvenait à se faire comprendre. Elle avait peu d'amis, habitait une maison en ville et, dans l'une de ses deux pièces, stockait tout ce qu'elle trouvait. Sa semaine était consacrée à préparer le marché aux puces. Les ventes constituaient son seul revenu. Elle se débrouillait bien, possédait son stand, où elle entreposait postes de radio, lampes ou vaisselle récupérées, le tout étalé sur un tapis.

Les rares fois où elle venait à la maison, c'était pour mon père. Elle fréquentait la chapelle arménienne, dont elle avait les clés. Hasard : elle était dans notre immeuble, érigée sur une ancienne prison. Ma grand-mère était la seule chrétienne dans une famille musulmane ! Elle nous inculquait ces valeurs-là.

Ainsi, cela s'embrouillait un peu dans ma tête d'enfant. Par exemple ma mère faisait le ramadan, pas mon père. Il mettait du vin à table, ce qui embêtait ma mère. Farid a eu une belle formule en expliquant que, petit, il pensait que Mahomet était mort crucifié sur la croix !

Mon père entretenait avec la mort un rapport particulier. Un jour que je suis passé le voir, il m'a dit que tout allait bien, qu'il n'y avait rien de spécial. Avant d'ajouter : « Ah, si, ta grand-mère est morte. » Il l'avait enterrée sans me le dire... Il m'a annoncé la nouvelle sur le même ton qu'il m'aurait demandé d'aller chercher un recommandé à la Poste ! Il était très détaché des choses.

Je ne crois pas en la notion de race, convaincu que tout est culturel. Reste que, invité deux fois à une soirée arménienne par la communauté marseillaise, entouré de gens brillants, je me suis senti proche d'eux. Je me suis reconnu dans leur manière de danser et d'interpréter la musique, dans l'émotion.

À 11 ans, mon père m'a emmené de l'autre côté de la frontière. Je m'étais mis à l'italien pour lire les BD dans cette langue – elles existaient par centaines –, car les traductions françaises n'étaient pas bonnes : ils se permettaient un truc que je n'aimais pas, à savoir retoucher des images pour les recadrer dans la page, du coup le format n'était plus le même. Je préférais la version originale, respectée par les Italiens. Deux fois je suis allé à Milan en train avec mon père pour acheter des BD.

À cet âge-là, je commençais à développer mon activité de vente de livres sur les marchés, si bien que je devais gagner davantage que son salaire ! La notion d'injustice sociale, ça me parlait. Jamais je ne faisais venir les copains à la maison. J'allais jouer chez eux mais eux n'approchaient pas de mon immeuble. Avec ceux qui insistaient pour me raccompagner, j'empruntais un couloir qui n'était pas le mien et je faisais semblant d'être rentré.

J'étais heureux chez moi, il y avait une âme. Mais j'avais honte d'habiter dans la rue Baudin, le Chicago de Toulon, avec à 100 mètres ses bars de filles à marins. Quelque part, pour mes filles, c'est l'inverse : si la plus jeune aimait bien grimper dans la Maserati, en revanche la grande tenait à ce que je gare la Ferrari plus loin après l'école. Une autre fois, revenue bronzée d'un séjour à l'île Maurice, elle a prétendu être de retour du ski. Comme si avoir les moyens la gênait. Elle était dans un établissement privé, elle nous a demandé à passer dans le public. En week-end dans un très bel hôtel d'Amsterdam, ma seconde fille n'a pas voulu que ses amis l'y rejoignent. J'ai vécu l'opposé.

Cela me rappelle le petit bijou de film d'Ettore Scola, *Nous nous sommes tant aimés*, où trois amis se retrouvent après trente ans de séparation. Les anciens militants, qui se sont connus dans le maquis, ont bien changé. Vittorio Gassman est devenu riche, mais il a délibérément caché son ascension à ses amis, qui le surprennent faisant le saut de l'ange dans la piscine de son somptueux domaine.

Au fond, gamin, j'avais plus honte d'être pauvre que d'être arabe. Très jeune, j'ai compris que l'argent ne constituait pas une valeur mais un moyen de passer sa vie de manière plus agréable. J'avais également conscience, comme disent les Chinois, qu'avec l'argent tu peux te payer une bibliothèque mais pas le savoir, un hôpital mais pas la santé, des femmes mais pas l'amour.

Coluche, dans un sketch, faisait remarquer qu'il a vécu vingt ans sans argent et vingt avec, et que l'existence est plus sympa depuis qu'il en a. Quand on a été pauvre, on apprécie d'autant plus.

J'ai observé ce décalage et j'ai toujours voulu le rattraper socialement. Je tenais à posséder une belle maison, des voitures de marque, à voyager. Mais je me suis lancé dans l'édition pour faire des livres, pas pour faire de l'argent. J'ai plaisir à constater que les bouquins que je préférais publier étaient ceux qui gagnaient de l'argent. En plus, chez le pauvre, la culture de l'échec est tenace. Il fallait combattre cette fatalité.

Quand les affaires ont commencé à marcher, j'ai cédé aux clichés et je me suis payé un magnifique écran plat, de grands restaurants, comme Maxim's ou la Tour d'Argent.

Chez ce dernier, j'ai expliqué à ma femme avoir l'impression d'être un usurpateur, qu'ils allaient s'en rendre compte. Je n'avais pas de cravate, on m'en a donné une à l'entrée. On disposait d'une jolie table quand le serveur s'est dirigé vers nous et a enlevé la serviette. Je me suis dit : « Ça y est, ils nous ont repérés, ils vont nous demander de dégager. » Pas du tout. Il nous a dirigés vers une meilleure table et le sommelier nous a fait visiter la cave. Soit ils nous ont pris pour des représentants du guide Michelin, soit nous les avons attendris car ils ont vu que nous n'avions pas l'habitude de fréquenter un tel endroit. Je penche pour la deuxième solution. Quant à Maxim's, lorsqu'on vient de la rue Baudin ! L'endroit était guindé mais, quand la musique a démarré, une femme à l'air coincé s'est levée, a ôté sa veste et, presque nue, s'est mise à danser !

Je vivais ces nouveaux plaisirs de riche comme si j'en étais spectateur. Je reste le gamin de la rue Baudin. Je me suis mis à voyager, moi qui à part l'Algérie n'avais jamais quitté l'Europe. J'ai pris le Concorde en première classe, dormi dans des palaces, des suites royales. En passant quinze jours en famille à Noël à l'île Maurice, j'ai dû dépenser davantage en deux semaines que ce qu'a gagné mon père durant toute sa vie. J'étais dans les clichés, j'ai acheté de l'immobilier, claquant tout car j'ignorais combien de temps ça allait durer. Mes parents ne réalisaient pas.

La dernière fois que j'ai vu mon père, il était à l'hôpital. J'avais un rendez-vous important, je portais un costume sur mesure, qui dénotait dans le décorum. Je possède une montre, numérotée et parée de diamants. Mon père, qui réparait des montres, l'avait en photo sur le mur de son atelier. C'est celle-là que je voulais ! Afin de poursuivre dans les poncifs, je me suis également acheté des bolides : une Maserati blanche, trois ou quatre Ferrari, de couleur rouge naturellement pour mieux frimer car sinon ça ne sert à rien. J'ai plongé dans les symboles de la réussite. Cette époque m'est passée. Mais j'avais besoin d'être ce personnage, notamment quand j'ai pris le RCT.

Mes parents sont restés rue Baudin jusqu'à ce que le Front national, élu à Toulon en 1995, les en fasse partir. Ils étaient à la retraite et on les expulsait pour des raisons de sécurité. Tant de souvenirs sont liés à cet endroit. Comme ma courte expérience de délinquant, qui a montré que je n'étais pas fait pour ce « métier ».

J'ai 16 ans quand, avec quelqu'un dont je tairai le nom mais qui la dernière fois que j'ai eu des nouvelles de lui occupait un poste élevé dans la police au nord de la France, nous faisons le guet devant un magasin de Toulon. Castel Chabre, qui existe toujours, vendait à l'époque du matériel hi-fi. J'avais repéré une petite bouche d'égout.

La nuit tombée, on avait décidé de jeter cette plaque sur la vitrine, de dévaliser tout ce que l'on pouvait puis de partir en courant. Mon ami s'est emparé de la plaque, l'a balancé sur la vitre. Sauf qu'elle était incassable et que la plaque a rebondi sur lui. Il était à moitié assommé et pissait le sang. On a entendu les sirènes hurler : l'alarme s'était déclenchée. Sans demander notre reste, on s'est enfuis. Toute la nuit, on a craint que la police tape à notre porte...

Je fréquentais un autre copain, Michel. Un poète, qui écrivait très bien et dont je m'étais pris d'amitié. Il hurlait « Mourad ! » en bas de chez moi. Les premières rencontres avec les filles, c'était avec lui. Ce type barbu, qui n'avait pas un rond, était brillant, amusant et surprenant. Il squattait un appartement et venait de se faire expulser. Il donnait l'impression de venir d'une autre planète. Il avait un peu d'argent car il avait travaillé à la Poste mais il semblait si déconnecté du monde social. Seuls l'intéressaient la poésie, Apollinaire, Rimbaud et Verlaine. Il s'est suicidé à l'été 1982, quelques jours après que le comédien Patrick Dewaere s'était tiré une balle dans la bouche avec une carabine. Sa mère nous a appelés en disant qu'elle aimerait que l'on publie ses poèmes. Je ne l'ai pas fait, je le regrette. Il était l'un de mes rares amis. Je n'en avais pas beaucoup, je n'appartenais à aucun réseau. Le film *Les Petits Mouchoirs*, ce n'était pas pour moi !

Mon truc, ce que beaucoup ne comprenaient pas, surtout quand on est arabe, c'était la bande dessinée. D'ailleurs, on m'appelait Mickey. À 10 ans, je piochais dans la bibliothèque et je faisais mes propres compilations. J'inventais des albums qui n'existaient pas et reliaient mes « pockets » en mettant en évidence le nom imaginaire de l'éditeur : Mourad Éditions. À l'école, les cours de reliure étaient ma matière préférée. Avec Farid, nous nous sommes éveillés ensemble à la BD. C'était ma vie, mon enfance. Si je porte des lunettes, c'est parce que j'ai trop lu ! J'en ai dévoré des milliers, si bien que, désormais, je ne vois plus très bien de près.

J'adorais les *Marvel Comics*, notamment ceux de Stan Lee, en édition italienne surtout car eux, au moins, ne traficotaient pas ses dessins. Je lisais les aventures de l'homme araignée, qui s'appelait *L'Uomo ragno*. Je ne supportais pas qu'un coloriste, pour la France, ait mis en rouge le costume à l'origine violet du *Fantôme du Bengale*, justicier costumé et masqué imaginé par Lee Falk, le créateur de *Mandrake le magicien*. Moi, je voulais le lire en violet ! Je m'imprégnais également de la version américaine et je savais du premier coup d'œil s'il s'agissait d'une copie.

J'étais l'entrepreneur, mon frère l'artiste. Il a toujours voulu être dessinateur. Il est monté un jour à Paris pour se faire éditer et il y est resté[1]. Moi, je ne savais pas dessiner. C'était une frustration. J'ai essayé mais je n'étais pas doué. Il est en revanche une énigme que je n'ai pas résolue : j'ai beau être une catastrophe en dessin, je suis capable d'expliquer à un auteur la manière de bien faire. Vous me mettez cent dessins et cent dessinateurs sous les yeux, eh bien vous pouvez être sûr que je ne me tromperai pas, qu'il me faudra une seconde pour les identifier, distinguer la sensibilité de chacun d'entre eux. C'est un don.

Aujourd'hui, grâce au cinéma et à leur adaptation sur grand écran, de *Batman* à *Spider-Man*, de *Superman* aux *Quatre fantastiques*, des *X-Men* à *Iron Man*, de *Tintin* à *Largo Winch*, la BD est omniprésente. Parfois, mes filles sont surprises que je connaisse la véritable identité de ces héros. Mais je savais que Peter Parker était Spider-Man avant qu'elles ne soient nées. Et elles devaient ignorer que, dans la version originelle, quand il saute d'immeuble en immeuble, le vrai Spider-Man crie « Geronimo » !

La BD m'a construit, m'a permis d'appréhender différents univers, d'autant que le dessin était moins uniformisé que maintenant. Le style planétaire n'existait pas, chaque pays avait sa spécificité. La BD m'a appris l'italien et, par ricochet, m'a fait découvrir le cinéma de Luchino Visconti, de Pier Paolo Pasolini, de Federico Fellini, d'Ettore Scola, de Dino Risi. Sans la bande dessinée, je ne m'y serais sans doute jamais intéressé. Le film *Huit et demi*, par exemple, avec Marcello Mastroianni, Anouk Aimée et Claudia Cardinale, a été une gifle royale. La BD populaire m'a aiguillé vers le roman populaire, les

1. Né en 1953 à Toulon, Farid Boudjellal a raconté son enfance en BD, du *Petit Polio* à *Mémé d'Arménie*, du *Cousin harki* aux *Années ventoline*. Il est scénariste et dessinateur d'albums. En 1998, il a reçu le prix Œcuménique de la BD au festival d'Angoulême pour *Petit Polio*, édité par son frère !

aventures du jeune reporter Joseph Rouletabille de Gaston Leroux comme les frasques du gentleman-cambrioleur Arsène Lupin signées Maurice Leblanc. De là je suis passé au cinéma de Pierre Fresnay, de Lino Ventura, de Jean Gabin.

Tout est parti de la BD. Par exemple, j'étais scotché par Joe Kubert, mort en août 2012 et capable en deux traits de raconter une histoire, là où d'autres avaient besoin d'un encrier. S'il avait été peintre, ce prodige du *comics* qui a inspiré tant de dessinateurs aurait été le Greco. L'école américaine, pour moi, était au-dessus. Je pourrais en énumérer tant d'autres, de Harold Foster, qui a dessiné les premiers *Tarzan* et créé *Prince Vaillant*, à Alex Raymond, le créateur de *Flash Gordon*, dont je rachèterai plus tard les droits.

Tout jeune, j'ai fabriqué un fanzine avec des copains qui évoluaient dans des classes supérieures. J'avais beau être minot, je tenais la caisse. La BD me permettait d'avoir l'âge de mes amis. À cette époque, j'ai communiqué avec Jacques Glénat, futur fondateur et patron de la maison d'édition éponyme[1]. De son vrai nom Jacques Glénat Guttin, il habitait Grenoble, avait huit ans de plus que moi et avait créé au lycée un fanzine, *Schtroumpf Magazine*. Nous échangions des BD tellement nous avions le virus.

À 14 ans, mon père m'a emmené au Festival du livre de Nice. J'ai pu voir des auteurs de BD en vrai, comme le Belge Peyo, auteur des *Schtroumpfs*, ou Tibet, le créateur de *Ric Hochet* et de *Chic Bill*. Je voulais les approcher. Pour Tibet, j'ai inventé un gros mensonge. Je suis allé le voir en lui disant que j'étais justement mandaté par Jacques Glénat car *Les Cahiers de la*

1. Le groupe Glénat, spécialisé dans la BD, le manga et le beau livre, comprend également Vents d'Ouest et Zenda. Glénat, qui a publié tous les albums de *Titeuf*, est le deuxième éditeur français de BD.

bande dessinée, qu'il avait créés à 19 ans, envisageaient de lui consacrer un grand dossier. J'ai pu obtenir son numéro. Il n'habitait pas loin, à Roquebrune-sur-Argens. Nous n'avions pas le téléphone à la maison alors je l'ai appelé depuis la Poste. J'ai ainsi obtenu un rendez-vous afin de l'interviewer, dans la perspective de la commande de Glénat, qui n'existait pas.

Je n'avais pas le permis de conduire, Roger Graffan, à qui je vendais des BD, si. Ses parents tenaient un pressing, autant dire que, pour moi, c'était un bourgeois ! Je lui ai fait part de mon souhait d'aller voir Tibet et il m'a emmené dans sa voiture. Pendant l'entretien, j'ai exprimé l'idée d'organiser un festival de BD, lui demandant s'il était disposé à venir au cas où l'événement se concrétiserait. Sa réponse était favorable. Roger, futur antiquaire de livres et qui, à l'époque collaborait au comité de la Maison des jeunes et de la culture, m'a suggéré de le faire là-bas. Il m'a aidé à en convaincre les responsables.

C'est ainsi que, en 1975, à 15 ans, j'ai monté mon premier salon de BD. Trois ou quatre auteurs se sont déplacés : Tibet, donc, Hermann, auteur de *Jeremiah*, et Jean Graton, créateur de *Michel Vaillant*, lui aussi installé à Roquebrune-sur-Argens. Je craignais le bide, persuadé que j'étais seul à aimer autant la BD. Heureusement, ce fut un succès. Très vite, la Maison des jeunes s'est accaparé le festival, l'a poursuivi dans la grande salle des fêtes municipale, a obtenu des subventions et écarté le minot que j'étais. J'aurais été incapable de monter un tel dossier. Ils m'ont laissé animer la manifestation au micro. Mais cela ne me suffisait pas.

J'ai obtenu de mon père qu'il me laisse m'offrir une mobylette : le prix de ma liberté. Je pouvais enfin me déplacer comme bon me semblait. J'ai décroché une entrevue avec l'écrivain Maurice Périsset, adjoint à la culture de Hyères et qui avait créé en 1965 dans la ville un festival, longtemps rendez-vous des jeunes auteurs et des amateurs de cinéma d'avant-garde. Je lui ai raconté avoir créé le Festival de la BD de Toulon et vouloir reproduire le schéma à Hyères. Ma force de conviction a fonctionné. En 1977, pour la première édition, nous avons accueilli entre autres Jean Tabary (*Iznogoud*) et René Pellos (*Les Pieds nickelés*).

Le plateau était plus relevé qu'à Toulon, l'organisation plus rock'n'roll. J'étais fier. L'année suivante, j'ai obtenu un emploi de bénévole à la ville d'Hyères, afin de pouvoir librement développer mon festival. Je n'étais pas payé mais je m'éclatais. Des articles de presse m'ont été consacrés. Mon exploit était de parvenir à faire venir des auteurs qui ne se déplaçaient d'ordinaire jamais.

Les plus irréductibles, tout le monde le savait dans les salons, étaient quatre : Hergé, Uderzo, Morris et Franquin, soit dans l'ordre *Tintin*, *Astérix*, *Lucky Luke* et *Gaston Lagaffe*. En faire venir un relevait déjà de la performance. La deuxième année, Franquin a fait une apparition. Un carton. L'année suivante, ce fut au tour de Morris. Pour Hergé, je n'étais pas loin. Il m'avait reçu chez lui à Bruxelles, était d'accord sur le principe mais avait un problème d'agenda. Je pense l'avoir marqué car j'ai reçu par la Poste un tirage spécial d'un album de *Tintin*, avec une dédicace et un dessin original. J'ai aussi attiré à Hyères Enki Bilal, qui pourtant ne bougeait pas beaucoup.

J'ai également essayé de déborder du cadre pur de la BD pour élargir la palette culturelle. C'est ainsi que le chanteur Renaud, un fou de bandes dessinées, que j'ai abordé au culot dans un salon avec sa fille Lolita sur les épaules, est venu pour l'adaptation des *Aventures de Gérard Lambert*, l'un de ses albums les plus connus. J'ai convaincu une année la radio RMC de parrainer mon festival. Conséquence : Claude Villers a enregistré depuis Hyères son émission hebdomadaire « Si c'est pour la culture, on a déjà donné », avec le grand Pierre Desproges. On a accueilli de jeunes animateurs de la station en pleine ascension, comme Alain Chabat ou Marc Toesca, qui allait présenter le Top 50 à la création de Canal +.

J'ai moi-même été animateur, à l'époque des radios libres. Au début, on me prenait pour un clown. Le baromètre de l'audience était le téléphone et ça n'arrêtait pas de sonner. J'ai reçu pas mal d'auteurs durant le festival. Les frères Bogdanoff, qui démarraient « Temps X », Philippe Manœuvre et Jean-Pierre Dionnet se sont déplacés.

J'ai aussi eu la chance de fréquenter Jean-Marc Reiser. Il avait une conception singulière de la mort. Nous dormions tous les deux à l'hôtel du Portalet, à Hyères. Levés aux aurores, nous nous sommes retrouvés au petit déjeuner et je lui ai lancé : « J'espère que tu reviendras l'année prochaine. » Avec une grande froideur, Reiser m'a rétorqué : « Je ne pense pas. J'ai un truc qui ne va pas. Je vais mourir, d'une grave maladie. » Comme il était pince-sans-rire, je pensais qu'il se moquait. Hélas pas du tout : il est mort en 1983, à 42 ans, d'un cancer des os.

En classe, je n'échappais pas à l'exposé sur la BD. Mais je ne pensais qu'à mon festival. J'ai convaincu Jijé de venir. Ce Belge n'était peut-être pas le plus connu mais son œuvre est pléthorique et il était un maître pour beaucoup. Pilier de *Spirou*, il a créé *Blondin et Cirage*, *Jean Valhardi* ou *Jerry Spring*, qui plus tard inspirera *Blueberry*. Lui aussi m'a annoncé qu'il allait bientôt mourir, ce qu'il a fait en juin 1980 !

Les années à Hyères furent extraordinaires, émaillées d'épisodes intenses. Comme en 1981, quand j'avais obtenu que le JT de 13 heures d'Antenne 2 soit enregistré depuis le festival, façon de faire reconnaître l'événement qui attirait

80 000 visiteurs avec moins de 40 000 euros de budget. Horreur : tout a été annulé quand les chars russes ont envahi l'Afghanistan !

Par ailleurs, je rêvais de déplacer une pièce de café-théâtre à Hyères. Mon souhait était qu'elle arrête momentanément d'être jouer à Paris, le temps d'une poignée de représentations. J'avais aimé à la Gaîté-Montparnasse une adaptation libre et déjantée de *Blanche-Neige*, pièce en alexandrins intitulée *Elle voit des nains partout*. Après le spectacle, j'avais sympathisé avec son auteur, Philippe Bruneau, qui fera partie de la bande de Stéphane Collaro. Il a dit banco et a stoppé sa pièce trois jours pour la jouer chez nous. Ce fut un énorme carton.

Mais j'avais une idée encore plus folle : que Coluche fasse son premier meeting politique à Hyères. En octobre 1980, il avait en effet annoncé son intention de se présenter à l'élection présidentielle. Pour l'atteindre, j'étais passé par la bande de *Hara Kiri* et de *Charlie Hebdo*, avec qui j'étais copain. En admiration devant les Cavanna, Cabu, Wolinski ou Professeur Choron, j'allais régulièrement les voir à leurs bureaux, grâce à un ami qui travaillait avec eux. C'est après avoir croisé Coluche que l'idée a germé dans mon esprit. Et il m'a dit oui.

Le duel à venir entre François Mitterrand et Valéry Giscard d'Estaing occupait l'espace. Coluche, même si beaucoup croyaient à une blague, bénéficiait d'intentions de vote élevées. Je ne mesurais pas tous les enjeux. Je n'ai pas pu m'empêcher de communiquer sur la présence de Coluche à Hyères, à l'occasion de son premier meeting politique. Médiatiquement, l'événement promettait d'être énorme.

Le matin de l'annonce dans le journal, le maire a demandé à me voir. Quand vous désiriez le rencontrer, il y avait des jours d'attente. Mais quand c'est lui qui aspirait à vous parler, vous étiez priés d'y aller fissa. Militant PS, Gaston Biancotto m'a félicité du joli coup. Mais c'était pour aussitôt me prévenir : « Il n'y a qu'une chose que je peux vous dire : si Coluche vient, la subvention disparaît. » Nous étions deux mois avant le festival. Je ne comprenais pas. J'ai essayé d'argumenter, soulignant que l'humoriste n'avait aucune chance d'être élu. Biancotto était un monsieur sympa. « Pourquoi vous me faites ça ? » ai-je imploré. Il a regardé en haut, avec l'index pointé vers le ciel. Du genre l'ordre vient d'un étage supérieur.

Je pense que cela provenait du bureau de François Mitterrand. Si Coluche allait au bout, il lui prendrait des voix à gauche et pourrait l'empêcher de figurer au second tour. J'ai donc dû, la mort dans l'âme, annuler Coluche, pour ne pas perdre les subventions. Je ne l'ai pas appelé directement, je n'ai pas eu le courage. Sans cette décision, il aurait esquissé son programme politique à Hyères. Le festival aurait changé de dimension. Et puis j'aurais sans doute voté pour lui : quitte à le faire pour un clown, autant que ce soit un vrai. J'ai finalement glissé dans l'urne le bulletin François Mitterrand[1]... Plus tard chez Soleil, je coéditerais une BD hommage à Coluche, *C'est l'histoire d'un mec*, avec l'accord de sa femme et de ses enfants.

J'aimais chez cet artiste le sens de la vérité, avec ses raccourcis et ses formules, qui n'ont pas pris une ride. Il a fait plus sans être élu que des milliers d'hommes politiques. Il était dans le monde réel, dans le concret. Le concept des Restos du cœur est simple : donner à manger à ceux qui en ont besoin. Pas besoin de grandes théories mais de solidarité.

Il avait un détachement par rapport à tous ces pingouins de la politique qui jouent un rôle. Jean-Marie Le Pen a eu raison

1. Il sera élu le 10 mai 1981 avec 51,76 % des suffrages. Deux mois plus tôt, Coluche avait annoncé qu'il se retirait de la course.

de ne jamais accepter de débattre avec lui. Coluche l'aurait tué. Il était possible de taper sur lui : c'était un punching-ball. Il ne craignait pas de se ridiculiser, au contraire, même. Il aurait laminé ces faux-derches qui, quand vous les interrogez sur la nature de leur ambition, vous répondent sans ciller : « Mon destin personnel importe peu, je suis là pour servir la France. » C'est dit sans vergogne, alors qu'on sait tous très bien qu'ils ne pensent qu'à ça. J'aurais d'ailleurs plus tendance à voter pour un type avide de pouvoir et qui le reconnaît.

Coluche avait la réponse parfaite face aux discours stéréotypés des politiques. C'est tout de même lui qui a inventé une formule aussi percutante que : « Le capitalisme, c'est l'exploitation de l'homme par l'homme. Le communisme, c'est l'inverse ! » Il a aussi, par son langage cru, banalisé les choses du sexe. Ce sketch, encore, où il imagine une femme répondre, tandis que sa voisine lui dit que son mari la fait cocue : « Vous avez de la chance, le mien il me le fait partout. »

Je déplore que, à cause des religions, on ait oublié l'essentiel, regardant plus facilement des images de gamins tués sous les bombes que de gens qui font l'amour pour se faire du bien. Moi c'est la première image que je trouve indécente. J'ai par exemple trouvé choquant et vulgaire de laisser tourner la caméra quand la jeune fille en Colombie s'est enfoncée dans les sables mouvants avant de mourir. La diffusion d'un film de cul m'aurait moins embarrassé. Aujourd'hui, l'éducation religieuse nous apprend qu'on peut avoir des gosses en étant vierge ! Il est marrant, aussi, d'observer toutes ces personnes qui ont un avis sur le cul mais font vœu d'abstinence. On parle de ce que l'on connaît. Je serais curieux de savoir si le pape a des érections… Arrêtons toutes ces conneries autour de cette morale qu'on nous vend. Coluche n'entrait pas dans cette logique.

J'aime la dérision. Celle de Pierre Desproges qui, se sachant atteint d'un cancer et proche de mourir, a lâché : « Noël au scanner, Pâques au cimetière. » Il faut une véritable force pour pouvoir le faire. Chez Coluche, j'appréciais le clown mais aussi sa sensibilité. Il devait très mal vivre la misère du monde. J'ai un peu échangé avec lui mais je ne l'ai pas vraiment connu.

Je montais souvent à Paris pour la BD. Je logeais dans un hôtel près de Saint-Germain-des-Prés, rue de Verneuil, celle où habitait Serge Gainsbourg, installé dans un hôtel particulier au 5 bis. Un soir tard, j'ai croisé Bambou, sa nouvelle histoire d'amour après la fin du couple mythique avec Jane Birkin. On a bu un verre au bar et sympathisé. Un an après, elle m'a appelé : elle était à Toulon. On s'est promenés ensemble. Le soir, Gainsbourg était l'invité d'un show de Maritie et Gilbert Carpentier enregistré sur le porte-avions Clemenceau, en rade de Toulon. Bambou m'a invité à assister à l'émission, où étaient également conviés Lio, Isabelle Adjani et Kim Wilde. J'ai parlé avec Gainsbourg, qui était déjanté et dans un drôle d'état. Il draguait toutes les femmes, mais c'était un génie.

Le lendemain, je suis retourné voir Bambou à l'hôtel de la Corniche, au Mont-Faron. Dans la chambre, un grand vase rempli de billets de 500 francs, dans lequel le couple piochait en cas de besoin. Bambou avait un look de clocharde. Elle voulait s'offrir une belle salière et poivrière alors je l'ai emmenée dans des endroits chics, où on lui répondait : « Ne regardez pas ça, vous n'en avez pas les moyens. » Elle m'a raconté que Gainsbourg avait écrit son fameux album reggae pendant un vol pour New York. Ça calme ! J'ai édité avec Soleil ses chansons sous forme de BD, négociant les autorisations avec ses enfants.

Le festival d'Hyères, que j'ai fondé et présidé entre 1978 et 1982, m'accaparait beaucoup. C'est en partie pour cela que j'ai loupé mon bac. Je faisais trop de choses à côté. En fait, j'étais persuadé de l'avoir raté et j'ai appris la veille seulement du rattrapage que j'avais droit à une seconde chance. J'ai échoué à l'oral, la tête aux vacances. L'année suivante, énervé, je l'ai eu directement. J'ai une grosse qualité : j'obtiens toujours mon meilleur score le jour J. J'ai le stress positif, j'arrive à me sublimer quand il le faut. Le diplôme décroché, ma mère m'a acheté une voiture, une Renault 5.

Je me suis inscrit en fac de droit à Toulon. Pour mes parents, il n'était pas concevable que je quitte la ville. Étudiant, une seule matière m'intéressait : le droit constitutionnel. Le reste m'emmerdait. J'avais autre chose en tête. Je comptais conquérir le public BD et j'ai décidé, sans un rond, de monter une boutique spécialisée. J'en avais repéré une pas mal, rue de Pomet. Je suis allé voir le propriétaire, M. Tozello, qui avait une galerie et faisait de l'encadrement. Nous étions en 1981, j'avais 22 ans.

Je suis arrivé à le convaincre de me proposer un loyer plus cher mais de ne pas de me faire payer le fonds de commerce. C'était la seule façon de m'en sortir. Il a dit oui. J'ai monté ma boutique avec trois planches. Très vite, j'ai pu me payer au Smic. J'avais un associé qui passait souvent par Marseille et la petite ville de Roquefort-la-Bédoule. J'ai ainsi appelé ma librairie Bédule. Je savais que cette boutique de BD, qui existe toujours, me servirait de tremplin vers le métier d'éditeur.

5

Les All Blacks de la Rade

Je n'avais jamais vu Tana Umaga ni parlé avec lui avant qu'il n'arrive à Toulon. Je me demandais comment maîtriser l'événement médiatique qu'allait constituer le transfert le plus étonnant de l'histoire du rugby français. L'affaire prenait de l'ampleur. Le journal *L'Équipe*, le premier, aiguillé par son correspondant en Nouvelle-Zélande, a crédibilisé le renseignement. Le 29 juin 2006, le quotidien consacrait une demi-page à la nouvelle et titrait : « Umaga à Toulon, c'est vrai ». Tout de suite, cela prenait une autre dimension.

Il y avait le feu dans la ville, les demandes d'abonnement grimpaient. Le chapeau d'introduction de l'article d'Arnaud Requenna donnait la température : « L'ex-capitaine des Blacks jouera en Pro D2 grâce au culot de Mourad Boudjellal, le détonant président varois. À 33 ans, Tana Umaga, l'un des meilleurs centres de la décennie, s'est engagé pour un an en faveur du RC Toulon. » Pour 350 000 euros, payés de ma poche, le joueur de 1,87 mètre pour 101 kg allait nous rejoindre. Il devait retrouver en janvier 2007 son club néo-zélandais des Wellington Hurricanes, finalistes du dernier Super 14, mais je ne désespérais pas de le convaincre de poursuivre la pige toute la saison.

Le coup était, de toute façon, énorme. Umaga chez nous alors que, quand la rumeur s'est répandue, de grands clubs avaient surenchéri... Mais il a été fidèle. Et puis j'avais expliqué haut et fort que c'était bouclé, ce qui n'était pas tout à fait la réalité ! Lorsque l'annonce a été officielle, j'ai enchaîné les interviews, invité notamment de la rubrique « Les cinq dernières minutes » au JT de 13 heures de France 2 présenté par Élise Lucet. C'était en direct et j'étais intimidé.

Avant qu'Umaga n'endosse ses nouvelles couleurs, le RCT allait devoir disputer huit journées de championnat. Mais j'avais une autre cartouche dans la manche : l'arrière des All Blacks Christian Cullen, qui jouait au Munster. Il était proche de signer mais cela ne s'est pas conclu. Reste qu'il y avait du lourd, même si hélas pas de pilier droit : je ne mesurais pas encore combien il s'agissait d'une erreur tant le poste est primordial.

Pendant le stage de présaison, j'étais omniprésent. J'ai même couru, une fois, avec le groupe. Je devais être chiant ! Mais je voulais tout voir, tout savoir. Je préparais la remontée en Top 14 avant de retourner chez Soleil. J'ai assisté aux matchs amicaux en Angleterre, qui étaient corrects. Un jeune joueur de l'effectif, l'ailier Marc Andreu, avait du gaz et s'est révélé : il est depuis parti au Castres Olympique et a remporté le Tournoi des Six Nations en 2010.

Je découvrais tout. J'ai participé à ma première assemblée générale de la Ligue, à Hendaye. Serge Blanco étant président de la LNR, il était logique de se rendre dans le Pays basque afin de faire fonctionner le commerce local ! Lors des débats, tout le monde s'est félicité que France 3 et Sport + se décident à diffuser de la Pro D2. Ils ont omis de dire que c'est parce qu'Umaga et Toulon créaient l'attraction.

Notre premier match, contre Mont-de-Marsan, a été remporté 49 à 8. La partie a été marquée par une grosse erreur d'arbitrage, un en-avant non sifflé qui s'est transformé en essai pour eux. Je n'avais pas été très sympa avec Alain Teixidor, l'ancien coach de Perpignan. J'avais appliqué à notre manager ma technique d'entreprise, encourageant la concurrence interne. Je voulais quelqu'un face à lui. Pour ne pas s'endormir, j'aime que les gens s'opposent. Mon choix s'était porté sur Gilbert Doucet, ancien troisième-ligne aile du RCT qui s'occupait de l'Aviron Bayonnais. Comme moi, Teixidor pavoisait après notre premier succès. Doucet était plus mesuré, plus inquiet, et à juste titre.

Le premier déplacement à l'extérieur nous emmenait à Oyonnax, dans l'Ain. Un truc irréel à vivre pour moi. Tout le monde nous voyait nous imposer facilement. Mais, si on a pris le point du bonus défensif, on s'est inclinés. J'ai connu pour la première fois l'hostilité du public. J'ai failli me battre dans les tribunes. J'avais lancé à un spectateur qui me cherchait : « Écoute, il n'est pas 19 heures, les magasins sont encore ouverts. Va t'acheter un cerveau et reviens ! »

On alternait ainsi succès à Mayol, avec 8 500 abonnés – concrétisation de l'effet Tana – et revers hors de nos bases. Dans mon for intérieur, je pensais : « Vivement qu'Umaga apparaisse pour régler tous nos problèmes. »

Après avoir terminé le championnat des provinces néo-zélandaises avec Wellington, il est arrivé en France le 27 octobre. Seul, sans sa femme et ses quatre enfants, qui ne tarderaient pas.

Il n'a pas atterri à Toulon mais à Nice. Ce n'était pas un hasard, j'avais voulu cette mise en scène. Il y avait une vingtaine de caméras à l'aéroport. Drôle d'endroit pour une rencontre : on s'est d'abord croisés dans les toilettes du terminal. Il en sortait et avait les mains mouillées, ce qui n'était pas pratique pour se les serrer ! Je lui ai dit que beaucoup de médias et de supporters l'attendaient dehors. Nous sommes sortis ensemble. On l'a ramené à Toulon, on lui a montré la maison qu'on lui avait réservée. Il fallait faire vite car Umaga, à qui on avait donné un programme pour se remettre du décalage horaire, avait besoin de son permis de travail pour affronter les Lyonnais du LOU. Nous avons convaincu les autorités afin qu'il puisse venir chercher le sésame après 18 heures et, non pas à la préfecture de Marseille, mais à celle de Toulon. Les gendarmes nous ont aidés. La journée marathon n'était pas terminée : il a reçu la médaille d'or de la ville des mains du maire, a été présenté au reste de l'équipe, a passé la visite médicale. Pour la présentation au public, j'avais voulu une entrée théâtrale. Les joueurs de l'équipe ont été annoncés un par un sauf le numéro 13, Umaga, par qui on a terminé. Je l'avais demandé au speaker. C'était une erreur d'appréciation. Je ne le referai plus. Une équipe, c'est un collectif.

Trois jours à peine après son arrivée, il a joué son premier match. Le LOU était notre principal rival pour la remontée en Top 14. Sous pression, nous avons gagné 22 à 16. Et Umaga, qui connaissait à peine ses nouveaux partenaires, a inscrit l'unique essai. Quand il a marqué, j'ai distingué dans Mayol une explosion de joie que je n'ai peut-être jamais réentendue depuis. Le public avait sans doute compris avant moi ce qui allait se passer par la suite. Moi je n'y étais pas, je ne pensais pas rester longtemps au RCT. Parfois, pour le plaisir, je vais sur YouTube. Je regarde nos mouvements de foule dans le stade, avec les cris qui les accompagnent, je me repasse certains essais du club qui me font monter les larmes. Celui d'Umaga en fait partie. Le bonheur que vous pouvez donner sur une action importante peut vous faire pleurer. Ce sont des moments forts, qu'on partage.

Le match suivant, nous allions au Racing-Métro. L'ambiance dans nos rangs était maussade. Dans le vestiaire, Umaga le sage a pris la parole. D'un ton posé, lui qui s'exprimait très peu, hormis sur le terrain, il a déclaré, solennel : « Messieurs, on ne se connaît pas encore beaucoup. Mais il y a une chose que je sais, c'est que je vais rentrer sur le terrain et tout donner pour vous. Je mourrai aujourd'hui pour vous dans ce stade et sous ce maillot. Je vous demande d'en faire autant pour moi ! »

À la vingtième minute, nous menions déjà par quatre essais à zéro. Au final, nous l'avons emporté 25-18, avec le bonus offensif. Dans ma tête, ça y est, nous étions partis pour tout gagner. Mais Umaga s'est blessé au mollet. J'en connaissais la raison : deux jours avant d'arriver à Toulon, il avait passé, à sa demande et avec l'accord du staff, deux jours à Disneyland Paris en famille. Il avait marché sans s'entraîner. Une promenade qui, cumulée à la fatigue du voyage, lui fut fatale. Du coup, face à Tarbes, sans lui, on s'est fait taper à Mayol. Ma première défaite à la maison. Un sentiment horrible, une douleur insupportable. Dans le vestiaire, j'ai pleuré comme une Madeleine.

C'est simple : avec Umaga, le RCT s'est imposé sept fois en huit matchs. Pour notre seul revers, il était absent. Tana est une rock-star, qui par son charisme tirait le groupe vers le haut. Avec lui, tout le monde améliorait son niveau. Cela se traduisit par une remontée au classement. Je me suis séparé de Teixidor et j'ai confié le poste à Gilbert Doucet. Lorsque je lui ai demandé avec qui il souhaitait entraîner, il s'est montré catégorique. Il voulait Edmond Jorda, qu'il considérait comme le meilleur.

Momo, comme tout le monde l'appelait, était un gars de Toulon. Un jeune, avec une voix bizarre. Les purs Toulonnais sont les plus durs quand il s'agit de négocier. Il voulait deux ans de contrat, il les a eus. Il était peut-être un bon éducateur mais pour le poste il était d'une totale incompétence ! J'avais honte : il apprenait à Umaga à faire une passe, se plaçait derrière lui et lui montrait le geste à effectuer. Tana se laissait faire, ça l'amusait, tellement c'était improbable. À la fin des entraînements, avec son partenaire Rob Henderson, ils tapaient des drops. Je leur ai demandé pourquoi car ils n'en tentaient jamais en match. Leur réponse : « Vu qu'on fait que des choses qui ne nous servent à rien ! » Pour rire encore, après les séances, ils respectaient une minute de silence, « à la mémoire des entraînements qui sont morts » !

Umaga, émerveillé par tant de décalage, ne comprenait pas que Jorda soit là.

Mais ce n'était pas pour parler de lui qu'il m'a dit souhaiter dîner avec moi. L'hiver était particulièrement doux et je lui ai soufflé, de peur qu'il regrette les températures néo-zélandaises, qu'on avait rarement subi une saison aussi froide ! Le dîner s'est parfaitement déroulé. J'ai essayé de le faire changer d'avis mais il m'a confirmé sa décision de partir, comme convenu, préparer le Super 14 avec Wellington, avec qui il était sous contrat. Il m'a toutefois glissé avoir ressenti quelque chose de particulier dans cette ville.

Le club l'avait touché. « Toulon mérite de jouer en Top 14 et au haut niveau : je voudrais l'y aider », m'a-t-il confié. « Tu veux jouer ? », ai-je demandé. « Non, mais j'aimerais faire quelque chose un jour pour le RCT. J'ai trouvé ici une atmosphère à laquelle je suis sensible », a répondu Umaga. Et quand il disait « un jour », ça voulait dire « très vite. » C'était sa manière de me dire qu'il serait content de nous entraîner.

Dans son discours, il avait souligné combien il trouvait l'équipe bonne mais les entraîneurs médiocres. « Ce staff ne réussira jamais, ce n'est pas possible, ils n'ont pas le truc », m'a-t-il avancé en substance.

Le 6 janvier 2007, pour son dernier match, nous avons dominé Grenoble 32 à 10, avec le bonus offensif, devant 14 000 spectateurs et les caméras de France 3. Umaga n'a pas marqué mais il a eu droit à un vibrant tour d'honneur. Son contrat s'arrêtait le 31 décembre mais son agent de l'époque avait réclamé 50 000 euros pour cette rencontre supplémentaire, ce que j'avais accepté. Grâce à Tana, l'équipe était grimpée à la quatrième place. Désormais orphelins de lui, nous devions jouer à Mont-de-Marsan. Gilbert Doucet n'était pas un imbécile et il savait que son adjoint se trouvait en danger.

À la réunion d'avant-match, il avait décidé de laisser Jorda en lumière, lequel nous a expliqué au tableau noir pendant une heure, à coups d'équations mathématiques, comment il fallait jouer. C'était tellement incompréhensible que les joueurs en étaient étourdis. Ils n'en pouvaient plus et Momo Jorda ne le voyait pas. Résultat : on a pris 40 ou 50 points à Mont-de-Marsan, dernier de la Pro D2, que l'on a réussi à relancer ! Les joueurs avaient baissé les bras. Je me suis rappelé ce que m'avait dit Umaga et je me suis séparé de Jorda, qui, en bon Toulonnais, m'a expliqué qu'il ne voyait pas de problème à partir mais qu'il voulait être payé de ses deux ans de contrat. Je suis correct et nous l'avons réglé.

Pour le remplacer, j'avais pensé à un coach viré par Brive mais que ses joueurs, après s'être imposés à Toulouse, avaient porté en triomphe, en témoignage de leur solidarité : l'Australien Time Lane[1]. J'avais trouvé peu banal de parvenir à se faire autant aimer de son groupe. Il correspondait au profil dressé par Umaga. Je l'ai contacté via un agent, il était libre et a accepté de venir, jouant le jeu en réclamant un petit salaire mais une prime en cas d'accession au Top 14.

1. Adjoint lors de la Coupe du monde 1999 remportée par son pays, l'ancien trois-quarts australien a également dirigé Clermont et les Saracens.

Dans mon esprit, il venait entraîner les trois-quarts et Gilbert Doucet les avants. Ce dernier a eu son ego froissé et l'a mal pris. Un matin, je l'ai retrouvé devant le stade. Son comportement était agressif, il était prêt à charger physiquement. Si mon directeur général n'avait pas été là, je m'en serais peut-être pris une. Je ne suis pas certain non plus qu'il était à jeun ! Il a regretté son attitude, a avancé avoir déconné. Mais ma décision était prise. Le lendemain, il est retourné au club et on l'a prié de quitter les lieux. C'était terminé. Je l'ai remercié pour faute grave.

Tim Lane récupérait les pleins pouvoirs. Il a souhaité bosser pour les lignes arrière avec l'ex-international centre Franck Comba, tout jeune retraité, et pour les avants avec Jean-Jacques Crenca, qui nous avait fait un bien fou comme pilier gauche. Tout de suite, les choses ont changé. Nous avons commencé à gagner avec la manière, par exemple à Gaillac, notre première victoire à l'extérieur sans Umaga. Avec Tim Lane d'entrée, nous serions peut-être remontés en Top 14. La saison s'est terminée au pied du podium.

J'avais à l'esprit que Tana voulait revenir comme entraîneur mais je ne voulais pas me montrer incorrect vis-à-vis de Tim. Je me couvrais en pensant que si on ne montait pas, ce serait terrible et que seul Tana serait en mesure de relancer la machine à rêves. Cela m'a permis de vivre la fin de saison de façon zen. En fait, je pensais que j'avais davantage envie de travailler avec Umaga que de monter en Top 14.

En mai 2007, le RCT disputait la demi-finale de la Pro D2 à La Rochelle. Nous avons perdu de peu en barrages, 21 à 17, au terme d'une belle partie. Cela s'est joué à une pénalité, on a marqué un essai, pas eux. Toutefois, adieu le Top 14. À cinq minutes de la fin, je cogitais sévère. Je songeais au fait que j'avais un atout pour rendre le sourire aux Toulonnais, pour qu'ils ne soient pas déçus trop longtemps. L'exubérance du président de La Rochelle m'avait choqué. Il jubilait tandis que ma femme pleurait. J'étais décidé à l'emmerder et, comme il a besoin d'exister, je voulais lui chiper son moment de gloire, d'autant qu'il avait tenu des propos sur nos joueurs étrangers guère élégants. J'ai attendu qu'il soit derrière les micros pour me pointer à côté. Les journalistes se sont tournés vers moi et l'ont totalement abandonné. Mission accomplie ! J'en ai profité aussi pour exécuter mon premier « Pilou-Pilou », dehors, avec des supporters du RCT. Notre démarche pour dire que nous n'étions pas morts.

Je tenais à être correct avec Tim Lane, un bon mec à qui je n'avais rien à reprocher. J'aurais aimé faire un bout de chemin avec lui et il s'est reproposé depuis car il aime cette ville. Umaga trouvait normal qu'il continue en cas de montée en Top 14. Tim acceptait de bosser avec Tana, dont l'arrivée n'était pas officielle. Mais ce n'était pas ce qu'on voulait. En partant, il a inscrit au feutre au tableau, dans le bureau de l'entraîneur, laissé en ordre, impeccable : « Bonne chance Tana. » Une attitude classe.

Il fallait maintenant relancer la machine, organiser la campagne d'abonnement et poursuivre le recrutement, bien entamé avec notamment les renforts de deux stars : l'ouvreur néo-zélandais Andrew Mehrtens (967 points avec les Blacks !) et le demi de mêlée australien George Gregan (recordman mondial des sélections), sans oublier le Sud-Africain Victor Matfield, qui sera peu après champion du monde avec les Springboks et nommé homme de la finale, ainsi qu'Anton Olivier, Nathan Mauger, Mafileo Kefu, Orene A'i, Thomas Sourice et Yoann Maestri. À mon avis, plus jamais il n'y aura une telle équipe en Pro D2. Il y avait du lourd pour la grande soirée que nous organisions. J'avais réservé le Palais des congrès Neptune, amphithéâtre de 2 000 places, assurant simplement qu'il y aurait une grande annonce. Nous avions préparé un film de présentation de deux heures. En attendant, il fallait planquer Umaga, qui venait avec son staff médical et physique. Durant la projection, il s'était entretenu avec Jean-Jacques Crenca et a choisi de lui laisser les avants. Pour les épauler, je me suis souvenu que Christophe Dominici m'avait parlé de Martial Cottin. Tana avait fait des auditions et l'avait retenu. Je l'avais laissé composer sa garde rapprochée, arrêtant avec mon système de stimulation interne. C'était son équipe à lui et il a pu entrer sur scène récolter les applaudissements.

Nous étions en juillet et, à cause du Mondial, la saison allait démarrer fin octobre. Ces quatre mois d'intersaison ont été interminables. Avec Umaga à la préparation physique, les entraînements ressemblaient aux *Douze Travaux d'Astérix*. Les joueurs ont passé l'été à remuer des chaînes et des pneus. Par sa culture, il était davantage axé sur le jeu en mouvement que sur la mêlée. Les matchs amicaux ne donnaient pas véritablement de tendance car Tana ne voulait rien dévoiler.

Autre héritage de sa fibre All Black : il avait demandé à ce qu'on installe dans les couloirs du siège du club, au stade Ange-Siccardi dans le quartier de Berg, des photos en format XL des grands anciens du RCT. Il tenait à ce que les gars et notamment les joueurs étrangers, en pénétrant ici, sentent le parfum et le poids de l'histoire du club, qu'ils s'en imprègnent. J'ignorais aussi qu'il avait rencontré ces figures-là ; plus tard il en fera venir aux entraînements ou à la causerie d'avant-match. Il avait totalement raison.

Le 28 octobre 2007, nous avons débuté par la réception de Béziers, l'un de nos concurrents pour la montée. Malgré des blessés, nous leur avons collé un 41 à 7. Mayol, notre cher stade Félix-Mayol[1], n'avait jamais vu ça. C'est d'ailleurs ce que

1. Planté au cœur de la ville, le stade, inauguré en 1920, a été financé par le chanteur populaire Félix Mayol, à qui l'on doit plus de 500 refrains dont

m'a déclaré le lendemain le maire Hubert Falco. Quasiment aucun coup de pied durant la partie, tout le jeu effectué à la main. Nos adversaires avaient reconnu notre supériorité, affirmant que nous ne disputions pas le même championnat. J'ai pensé qu'on allait tuer tout le monde. Je me souviens d'un match à Blagnac, stade pittoresque de Fédéral, où l'on s'est imposés de peu, grâce notamment à un buteur en face qui avait tout raté, y compris six pénalités à 20 mètres face au poteau !

Cette année-là, nous avons survolé la Pro D2. Nous avons validé notre ticket en Top 14 à deux journées de la fin, le 25 mai 2008, en l'emportant à la maison face au Racing-Métro. Tel le commissaire Bourrel, j'attendais les cinq dernières minutes, celles où l'on profite du truc. De nombreuses images m'ont traversé la tête. Au final, le RCT sera sacré, pour la seconde fois de son histoire, champion de France de Pro D2.

J'avais le sentiment d'avoir rempli ma mission. Pour moi, mon histoire avec le RCT était terminée. Mais je ne disais rien. J'agissais même comme si j'allais continuer. Personne n'était au courant au club. Au fond de moi, je me foutais du Top 14. Le haut du tableau me semblait hors d'atteinte. Du coup, je ne préparais rien. Dans mon cercle, des amis dans la confidence m'ont lancé : « Cette aventure t'appartient, à toi de la vivre. Fais-le une année. » Et j'ai replongé. Reste que je bâclais l'intersaison.

La seule chose qui m'a redonné la flamme fut un petit déjeuner avec Tana, où il m'annonçait qu'il allait partir deux

les célèbres « Viens Poupoule », « La Paimpolaise » ou « À la cabane Bambou ». Il est aussi connu pour sa fameuse houpe et son muguet porte-bonheur. En plus du stade, désormais propriété de la mairie, il a offert au club les droits de ses chansons.

mois en Nouvelle-Zélande pour se préparer et être affûté car il entendait redevenir joueur. Il m'a fait promettre de ne pas en parler. Il me vantait également les mérites d'un Néo-Zélandais incroyable qui brillait en rugby à XIII, une star en Australie où ce sport est l'équivalent chez nous du football en termes de popularité. Il me le vendait tellement bien que mes yeux se sont allumés. Je suis allé sur Internet regarder celui dont il me parlait. Et j'ai découvert un athlète avec une gueule – on aurait dit le cinquième Beatles – et qui mettait des cartouches à tout le monde avec les Canterbury Bulldogs : l'extraterrestre Sonny Bill Williams, 1,91 mètre pour 108 kg.

Avant de me pencher sur le dossier, je devais faire le recrutement avec Tana, qui serait donc entraîneur-joueur. On fonctionnait par texto, il validait ou non mes propositions depuis l'autre bout de la planète. J'avais une piste pour Dan Carter, le formidable demi d'ouverture des All Blacks. On s'était tapés dans la main avec son agent, qui me disait : « Il y a un jeune joueur de Narbonne que je n'arrive pas à caser, Pierre-Alain Nègre-Gauthier. Si tu me le prends, je te signe Carter. Ça te coûtera pareil. » J'étais sûr de moi. À l'arrivée, j'ai signé Nègre-Gauthier, mais pas Carter. Je me suis fait avoir. Je ne voulais pas de ce joueur : je suis allé aux prud'hommes et cela m'a coûté les deux ans de son contrat, 150 000 euros. Vive le droit social français !

Que Dan Carter signe à Perpignan plutôt que chez nous a été un gros échec. Mais on ne sait qu'après si on a réussi ou perdu son pari. Sans doute qu'on m'aurait beaucoup reproché sa blessure si elle était survenue avec Toulon[1]. Notre

1. Arrivé en décembre 2008 après une tournée des Blacks, il ne jouera que 5 matchs de championnat, pour 45 points, la faute, le 31 janvier 2009, sur la dernière action du match face au Stade Français, à un plaquage entraînant

proposition financière était la même que celle de l'USAP. Son agent m'avait dit que le joueur annoncerait en direct depuis la Nouvelle-Zélande sa prochaine destination. J'ai patienté devant mon ordinateur jusqu'à une heure du matin. M'a-t-il manipulé ? Je l'ignore. Carter a choisi le club qui jouait la Coupe d'Europe contre celui qui montait.

J'imagine aussi que Tana ne voulait pas qu'il vienne. Il n'est en tout cas pas intervenu dans le dossier pour m'appuyer. Était-ce l'ego des stars ? Toujours est-il qu'il n'a jamais sauté au plafond quand je lui parlais de Carter. Il voulait davantage l'Argentin Felipe Contepomi, qui n'était pas libre. Je me retrouvais sans numéro 10. Le temps pressait. Cela virait au délire complet. Nous étions sur un joueur de Grenoble qui avait évolué avec Toulouse et Agen. Je me demande encore pourquoi il a refusé une telle offre. Nous étions pris à la gorge. Comme je ne trouvais pas de gros, j'ai pris trois joueurs moyens : Damien Vidal – deuxième au classement des meilleurs réalisateurs de Pro D2, il nous en avait mis huit sur huit avec Béziers –, l'international italien Ramiro Pez – choix de Tana – et Sébastien Fauqué – mon choix à moi, car j'étais habitué à voir sa tête avec Montauban parmi les meilleurs buteurs de Pro D2. Nous avons monté une équipe comme on pouvait, prenant Jocelino Suta – futur international, monté en Top 14 avec le Stade Montois il devait s'engager avec le Racing mais le club parisien n'ayant pas retrouvé l'élite, on en a profité pour le récupérer –, l'étoile Jerry Collins – nous avons signé le costaud des Blacks avant la campagne d'abonnement –, Luke Rooney, Ben Castle, Sisa Koyamaibole, Davit Kubriashvili et Olivier Missoup. Et puis il y a eu Sony Bill Williams, SBW !

---

une rupture partielle du tendon d'Achille. Mais Carter lèvera malgré tout le bouclier de Brennus !

Je m'attendais à ce que ce transfert soit dur à réaliser, la somme réclamée astronomique. Or s'accorder n'a pas posé de problème. J'en fus presque déçu… Son agent réclamait environ 400 000 euros pour la saison. Tana était interventionniste sur le dossier, il voulait réellement son compatriote.

L'obstacle de l'argent levé, nous sommes rentrés plus dans le détail avec son agent, l'Australien d'origine libanaise Khoder Nasser, le seul transfert au cours duquel j'ai parlé arabe ! Le centre voulait venir et découvrir le XV. En revanche, m'expliquait son agent, compte tenu qu'il était encore sous contrat pendant quatre ans avec sa province, si le bruit qu'il pourrait quitter l'Australie circulait, de nombreux fans camperaient devant sa maison pour l'empêcher de partir.

Sonny Bill n'avait que 23 ans mais il était mature et déterminé. Il savait qu'il allait prendre des coups. Nous avons décidé ensemble d'une date où il quitterait le pays, sans que personne ne le sache. Là-dessus, je suis parti en vacances, presque un mois à Miami, avec ma femme et mes filles. Mais je n'étais plus aussi motivé qu'avant. J'ai coupé et je n'ai plus pensé au rugby, oubliant à quel moment SBW devait apparaître.

Un matin, en Floride, j'ai allumé mon portable et constaté que la messagerie était pleine. Des numéros à 18 chiffres avaient essayé de me joindre, et puis il y avait des messages en anglais. Je ne percutais pas. J'ai jeté un œil à la télévision et en zappant sur une chaîne néo-zélandaise, je suis tombé sur Toulon ! Sur les images, j'ai vu Sonny Bill quittant l'Australie, sans sa copine. L'affaire commençait à prendre des proportions énormes. En plus, nous n'avions pas le droit de dire qu'il avait signé chez nous. Là-dessus, lors d'une escale en Angleterre, il s'était aperçu qu'il n'avait que son passeport samoan – il a une ascendance de ce petit État de Polynésie –, il fallait donc un visa, qu'il n'avait pas. Il était coincé à Londres mais, par un piston politique, nous sommes parvenus à le faire rejoindre Toulon.

Arrivé dans le Var, il convenait de le planquer. Ma femme de ménage m'a appelé en Floride pour m'informer qu'il y avait plein de caméras devant la maison. Les journalistes devaient penser que je le cachais chez moi ! Nous l'avons mis à l'abri dans une maison discrète de Carqueiranne, celle du directeur général du RCT, qui faisait cuire les pâtes pour Sonny Bill.

En ville, c'était le bordel. Des médias australiens et néo-zélandais avaient dépêché des envoyés spéciaux. La pression montait. J'ai décidé d'avancer mon retour de vacances et d'annoncer qu'il avait signé chez nous un an, avec une saison supplémentaire en option. Quel ouragan. Les assignations lui sont tombées dessus. Mais la seule façon de l'assigner était de les lui remettre en main propre. Nous avons donc mis en place un système pour que personne ne l'approche !

À son premier entraînement, nous avons collé une voiture près de la grille et il a pu pénétrer directement sur la pelouse. Même schéma pour sortir. Quand on a averti qu'il allait s'entraîner au stade de Berg, je craignais que des journalistes louent un hélicoptère et atterrissent sur le terrain. Je les avais prévenus : « Si vous entamez votre descente, la marine vous abat en l'air ! » J'étais encore à Miami. Je suis rentré plus tôt, de façon à assister au match amical que l'on disputait contre Carqueiranne-Hyères, club de Fédérale 1. J'ai débarqué tout bronzé, observant les journalistes de l'hémisphère Sud que je voyais à la télé. Pour eux, j'étais le grand méchant. Ils ont interrogé leurs lecteurs avec cette devinette : « Quel est le point commun entre Sonny Bill Williams, Lady Di et les tours du 11-Septembre ? Réponse : les trois se sont fait enfler par un Arabe ! » J'ai accordé une interview à un journal australien avant de m'apercevoir que, pour illustrer l'article, ils avaient mis en couverture une photo de moi, la mine patibulaire et avec des lunettes noires, faisant un geste qui voulait dire : Sonny Bill est à moi ! Je passais vraiment pour le connard de service. Lui n'est pas mal non plus : il a été élu homme le plus détesté d'Australie en 2008, devançant le terroriste de Bali, Amrozi [1] !

Pour le match amical face à Carqueiranne, leurs deux présidents ont dû se demander ce qui se passait quand ils ont vu la vingtaine de caméras présentes. À l'attention des journalistes qui m'avaient fait passer pour une ordure, je portais un tee-shirt représentant Barack Obama, qui s'apprêtait à être élu président des États-Unis, du moins l'espérais-je. Difficile d'être une ordure et de voter Obama ! Je voulais casser la caricature que certains établissaient de moi.

La rencontre a démarré dans un état d'excitation intense. Sur son premier ballon, Sonny Bill a « éteint la lumière » dans le stade ! Le joueur adverse a perdu connaissance et, lui, a reçu son premier carton jaune. Avec le recul, c'était dangereux de le lancer ainsi. Sur deux-trois actions, on sentait le joueur hors norme. SBW a ébloui le public. Malgré la forte pression médiatique en Australie et en Nouvelle-Zélande, malgré le fait que sa maison ait été saisie et que la justice s'en soit mêlée [2], il semblait imperturbable, animé d'une telle volonté pour son âge. Quand il a fallu transiger financièrement avec son club de la banlieue de Sydney, nous l'avons naturellement aidé.

1. Amrozi bin Nurhasyim, militant islamiste, a été reconnu coupable d'avoir participé aux attentats qui ont fait 202 morts et 209 blessés en octobre 2002 sur l'île de Bali. Il a été exécuté en novembre 2008.

2. La Cour suprême de Nouvelle-Galles du Sud a ainsi validé une injonction de la Ligue de rugby australienne et de l'équipe de rugby à XIII des Canterbury Bulldogs dénonçant une rupture unilatérale de contrat. SBW a été menacé de voir tous ses biens saisis, sa maison comme ses comptes en banque !

La conférence d'après-match a été surréaliste. Les présidents de Carqueiranne étaient adorables mais ils n'étaient pas invités. Aucune question ne leur a été adressée. Les journalistes australiens et néo-zélandais couvraient le feuilleton avec force. L'événement faisait l'ouverture des informations. On m'avait prévenu que Sonny Bill était une star, je ne mesurais pas à quel point c'était vrai. L'impact a été beaucoup plus fort qu'Umaga.

Éric Champ, qui était en vacances en Australie quand l'affaire a éclaté, m'a expliqué que là-bas ils lui faisaient la gueule : en plus d'être français, il était toulonnais !

Même sa première entrée en Top 14, l'ovni SBW l'a réussie. Face à Clermont, Olivier Grimaud s'est blessé à la quarantième minute. Tana Umaga a décidé de lancer Sonny Bill. Au micro de Canal +, Éric Bayle a admis mal le connaître. Dès son premier ballon, ce mélange de David Beckham et Jonah Lomu à la gueule d'ange a marqué un essai !

Pour notre première rencontre en Top 14 diffusée sur Canal +, je m'étais également chauffé avec le délégué du match, qui m'avait averti que l'arbitre ne donnerait pas le coup d'envoi tant que je resterais au bord de la pelouse ; ce à quoi j'avais répliqué : « Alors prévenez la chaîne qu'elle envoie directement à l'antenne *Le Journal du hard* ! » Le match a évidemment commencé à l'heure...

Le phénomène médiatique a explosé. Ce fut le début de l'ère SBW, qui a duré deux ans. C'était une véritable rock-star, celle qu'on recherchait. On ne s'est pas trompés. Il compensait l'absence de Dan Carter par la magie qu'il générait. Aussitôt qu'il touchait le ballon, le stade retenait son souffle. Et s'attendait à un truc qui sorte de l'ordinaire. Peu de joueurs sont capables de provoquer une telle émotion, de faire parcourir autant de frissons. Après, l'équipe était mal construite et il ne pouvait pas tout faire. En plus, il s'est blessé assez vite dans la saison, victime d'une fissure du péroné gauche qui l'éloignera longtemps des terrains.

L'année suivante, quand l'équipe a été plus homogène, on a vu les dégâts que pouvait occasionner ce garçon : on ne s'est inclinés qu'en prolongations lors de la demi-finale contre Clermont, le futur champion, face à qui il a encore marqué un essai. Converti depuis peu à l'islam, il ne buvait pas d'alcool et se montrait raisonnable en toutes circonstances. Étonnant personnage, introverti et très mûr. Il a soigné ses adieux, au Vélodrome à Marseille, inscrivant un bel essai et étant désigné homme du match contre Cardiff, malgré la défaite en finale de la Challenge Cup.

Revenu dans son pays natal en 2010, il m'a harcelé de textos pour revenir sur son départ, comme un enfant qui s'excuserait pour une bêtise. Il a disputé des combats de boxe professionnels[1] et deviendra champion du monde avec les All Blacks. Dans le rugby moderne, Sony Bill Williams est à part. En novembre 2012, il a de nouveau replongé dans le XIII, avec le club des Sydney Roosters.

À l'été 2008, en même temps que SBW, un autre All Black originaire des Samoa est venu compléter l'effectif : le troisième-ligne aile des Wellington Hurricanes Jerry Collins, 27 ans, 1,91 mètre pour 107 kg, alors 48 sélections. Bref, une pointure, qui avait été élu, à cause entre autres de la violence de ses plaquages, joueur le plus effrayant des terrains de rugby. Mais avec lui, à Toulon, ce sont surtout les night-clubs

1. En février 2013, le champion du monde de rugby 2011 a battu à Brisbane, pour son sixième combat professionnel – et aucune défaite –, le Sud-Africain François Botha, 44 ans, un poids lourd de réputation mondiale qui avait déjà affronté Lennox Lewis, Mike Tyson, Wladimir Klitschko et Evander Holyfield. SBW, 27 ans, l'a emporté aux points à l'unanimité en dix reprises.

qui ont fait fortune ! Pas étonnant qu'il soit surnommé Guinness !

Jerry, c'est une personnalité complexe. Umaga, qui est son cousin, avait du mal à le gérer alors qu'il était le manager général du RCT. Jerry à jeun est adorable. Ce n'est pas un salopard. Mais il traînait une souffrance et un mal-être, qu'il noyait dans l'alcool. On a appris des bribes de sa vie, comme le fait qu'il ait commencé par être éboueur, qu'il avait un fils en Angleterre et ne le voyait jamais. Quand il plongeait dans l'alcool, ça devenait ingérable. Le problème est que, à Toulon, des mecs pouvaient avoir envie de le gérer eux-mêmes !

Il était terrible, c'est monté si haut que des magistrats nous ont demandé de le calmer : on aurait dit un fou lâché dans la ville. Le club l'a couvert plusieurs fois. Jerry était un enfer pour la police. La BAC (brigade anticriminalité), la nuit à Toulon, savait que tout pouvait arriver avec lui. Je craignais vraiment qu'un mec lui mette une lame, c'était écrit. Il ne mesurait pas les conséquences de ses actes. J'ai dit à son agent qu'on ne tiendrait jamais les trois ans de contrat : soit il allait mourir, soit finir handicapé. Il devait quitter Toulon.

Là, Jerry a été très classe. Le RCT n'était pas encore maintenu. Il a convenu d'arrêter l'expérience mais tenait d'abord à assurer notre survie en Top 14, ce qu'il a fait. Ce garçon était surprenant. Il était capable de se mettre des mines et, parfois, pour se punir de cette dégringolade, pouvait partir courir dès 5 heures du matin ou sous de fortes chaleurs ! C'est à ce moment-là que j'ai perçu les limites de Tana dans son coaching. Il était gêné parce que c'était son cousin. Il aurait dû être le père Fouettard, il ne l'était pas.

Cela ne signifie pas que, comme Guy Roux à Auxerre, je surveille le moindre écart. Il m'est néanmoins arrivé, plusieurs fois, de retirer des primes d'éthique à des joueurs pour des sorties qui nous ont été signalées. Conséquence : 10 % du salaire en moins.

On connaît tous les gérants de boîtes de nuit de la région et ils nous relatent les incidents, quand il y a dérapage grave seulement, car le joueur du RCT, avec son pouvoir d'achat et d'attraction, constitue une belle clientèle. Lorsque c'est le cas, je convoque le joueur ou je lui écris pour lui expliquer que je retiens la prime d'éthique à cause d'attitudes inconvenantes. Il ne faut pas jouer avec son statut d'icône.

Une fois, Jean-Roch, qui est originaire de Toulon[1], nous a informés qu'à Saint-Tropez trois de nos joueurs avaient eu maille à partir avec le service de sécurité du rappeur Puff Daddy, se cassant des coupes de champagne et des bouteilles sur la tête ! Ces trois joueurs clés ont vu leur prime sucrée. Je sais que Jean-Roch ne raconte pas de conneries, il était d'ailleurs plutôt gêné. Je tape sur l'argent, le message passe mieux !

Jamais, toutefois, je n'ai viré quelqu'un à cause de ses écarts. Quoique. Nous ne sommes pas passés loin avec Gavin Henson, deux fois vainqueur du Grand Chelem avec le pays de Galles, qu'on avait recruté comme joker médical en février 2011. Le dossier a été mal géré par Philippe Saint-André, devenu entre-temps le nouvel entraîneur.

Henson, comme Collins, avait un truc à noyer. Lui aussi était charmant à jeun mais incorrigible après avoir bu. Un soir de beuverie, il avait insulté les joueurs en leur disant que leurs femmes le « badaient » ! Certains d'entre eux l'ont couché. Le lendemain matin, j'avais un gamin devant moi. Il ne se rappelait de rien mais avait un cocard et assurait s'être réveillé dans son lit avec deux filles à ses côtés. Je voulais

1. Le fondateur du VIP Room est une figure de la nuit. Également chanteur et animateur, il possède des établissements à Paris, Cannes et Toulon.

qu'il soit sanctionné. Je l'ai mis à pied. Philippe Saint-André a laissé le groupe décider. Verdict : s'il s'excusait, Henson pouvait être réintégré. Ce n'était pas aux joueurs de trancher mais au président ou à l'entraîneur, même si on avait besoin d'un buteur comme lui quand Jonny Wilkinson était blessé ou que Felipe Contepomi avait mal au dos – bien que l'Argentin se porte soudainement mieux le 29 du mois... Car son salaire n'était garanti par le club que les 28 premiers jours, ensuite c'était le plafond de la sécurité sociale !

Gavin Henson ne sera pas resté longtemps chez nous. Déjà, sa venue avait été très compliquée. Quand son arrivée a été annoncée, le père de Wilkinson nous avait prévenus : s'il signait, Jonny était susceptible de quitter le club. Il nous mettait la pression. Jonny est intelligent et j'ai défendu auprès de lui le principe de la seconde chance. Leurs rapports n'ont pas été conflictuels et l'écart de langage ancien du Gallois avait été mis de côté. Pour autant, le faire signer était une erreur. Il a mis un bordel terrible. Il s'est ensuite engagé avec les Cardiff Blues, dont il a été rapidement licencié après avoir provoqué un incident à bord d'un avion tandis qu'il était ivre...

Lorsque je sors dans un endroit et que des joueurs sont à l'intérieur, en général ils ne restent pas longtemps ! Il y a des moments pour faire la fête, d'autres pour travailler. J'ai du mal à célébrer une défaite, ce n'est pas dans ma culture. Quand elle survient, j'ai la tête à l'envers. J'ai gardé en travers de la gorge la fois où le bus du RCT s'est arrêté plage du Mourillon pour que les joueurs puissent chanter et boire des bières, au vu de tous. Pourtant, nous avions perdu contre Montpellier, la ville était affligée.

Chez les îliens, le sentiment est différent. Ils évacuent en faisant, comme là, un barbecue en commun. Furieux, sous le coup de la colère, j'avais retiré la prime d'éthique à tout le monde, Wilkinson compris. Philippe Saint-André m'exposera sa façon de voir les choses et je reviendrai sur ma décision. C'est lui le successeur de Tana Umaga, que je me suis résolu à écarter au bout de deux ans comme manager parce que, à mes yeux, il n'avait pas accompli son deuil de joueur. Malgré une autorité naturelle, Tana n'était pas tout à fait prêt. Ses limites n'étaient pas techniques, il restait un vrai stratège, mais j'estimais qu'il entretenait avec le groupe une relation de joueur à joueur. On ne peut pas être les deux. Coach, c'est autre chose. Il se voyait courir jusqu'à 50 ans. Et puis c'est un gentil. Il aime les gens. Il est fraternel, pas paternel. Comme pour nos enfants, il faut parfois les engueuler ; ça fait même du bien !

Umaga fait partie dans le rugby des rares à posséder la dimension et la sensibilité d'un artiste. Il a aussi un énorme charisme. Pour son premier retour au RCT, il m'avait imposé Jean-Jacques Crenca comme entraîneur des avants. Je penchais pour Aubin Hueber. Un jour j'ai pris mon courage à deux mains et je l'ai convoqué dans l'un des bâtiments du centre d'entraînement. Je lui ai expliqué que, désormais, c'est moi qui allais décider. Il a commencé à hausser le ton, mais vraiment. Je m'étais chié dessus ! Il faisait peur. Idem quand, en plein exercice, agacé, il a réclamé que tout le monde fasse des pompes. Tous étaient au garde-à-vous et moi-même j'ai fait des pompes ! Physiquement, Tana s'entraînait peu et faisait des séances de musculation. C'était un phénomène de la nature.

À côté de ça, il avait des comportements de gamin émerveillé par la vie. Il est humble, sincère, sensible, passionnant et aussi impénétrable. Je n'arrivais jamais à deviner sa réaction sur telle ou telle proposition. Jonny Wilkinson, oui, on peut prévoir les choses, savoir s'il va les accepter ou non. Umaga était également attaché à la notion de maison. Le vestiaire comme un sanctuaire. Personne ne pouvait y entrer spontanément. Cela devait rester entre eux. Il avait été choqué qu'une caméra de Canal + ait insisté pour nous suivre dans le vestiaire. Il avait dit au cameraman, à peu près ceci : « Si toi rentrer, moi frapper fort toi ! »

La chaîne cryptée avait beau être le diffuseur de la compétition, si le RCT ne veut pas, c'est notre droit. Nos discussions dépassaient le cadre du rugby. Avec l'équipe, il parlait peu mais quand il le faisait, tout le monde écoutait. Il partait du principe qu'il ne faut pas dire les choses importantes mais les faire sentir. Tana deviendra un grand entraîneur quand il ne sera plus joueur dans sa tête. Lui-même l'a reconnu. En repartant, il m'a dit que, à sa prochaine expérience aux manettes d'un club, il ne fera plus jouer l'amitié.

J'ai songé à me séparer de Tana en plusieurs étapes. Fin octobre 2008, nous avons perdu à Mayol contre Castres. Le RCT était relégable. Je déteste cette sensation, que je ne suis pas conçu pour connaître ! Dans le vestiaire, j'ai formulé mon *mea culpa*, assurant que c'était moi qui avais merdé. Face aux médias, j'ai avancé que je cherchais un cerveau, ce que n'était pas Tana. J'avais compris qu'il me fallait quelqu'un qui connaisse le Top 14, Tana étant plus influencé par le rugby de l'hémisphère Sud.

En attendant, je décidais d'une chose : comme on se faisait matraquer dans le jeu devant, je me séparais de Jean-Jacques Crenca. Il me fallait un bouc émissaire. Et puis Crenca était trop en admiration devant Umaga, il était fasciné. Je revenais à mon principe initial : il fallait de l'émulation interne. J'ai payé son salaire à l'ancien pilier international, un bon entraîneur, et j'ai cherché un opposant à l'entraîneur principal.

Aubin Hueber était au coin du bois. Il attendait son heure. Champion de France 1992, l'ancien demi de mêlée a longtemps joué au RCT et l'avait dirigé avant que je n'arrive. Il ne me demandait rien de précis, se montrait toujours courtois, envoyait le texto qui va bien, n'oubliait pas de fêter les anniversaires. Par d'autres messages, j'avais mesuré qu'il aimait sincèrement le club. J'avais d'ailleurs poussé pour qu'il soit l'entraîneur des avants mais Tana Umaga n'avait pas voulu. Alors que j'étais au restaurant en train de réfléchir, une connaissance m'a suggéré de le prendre. Dix minutes après, Aubin Hueber a déboulé.

Le lendemain, j'ai convoqué Tana. C'est l'une des rares fois où je me suis montré vraiment président avec lui. « Tu as décidé, tu t'es trompé. Maintenant, c'est moi qui tranche », lui ai-je asséné. Il était sur la défensive, choqué par les résultats, et j'en ai profité. J'avais peur, sinon, de ne plus y arriver.

Aubin Hueber ne nourrissait aucun complexe d'infériorité. « Tu as été international, moi aussi », a-t-il martelé. Il s'est mis d'emblée en situation d'égalité. Il voulait faire le 8 de devant. À l'entraînement, Tana ne faisait pas d'opposition directe. Aubin était d'une autre école, peut-être un peu psychorigide. Cela ne passait pas du tout avec les îliens. Ensuite, j'ai décidé de retirer le capitanat à Jerry Collins et de le confier au troisième-ligne sud-africain Joe Van Niekerk, qui le porte encore aujourd'hui. Tana Umaga avait aussi cette idée en tête : nous étions donc toujours en phase.

Le 31 octobre, cinq jours après le départ de Crenca, l'équipe a pris l'eau à Montauban. Je ne saurai jamais si c'était volontaire ou pas mais nous avons pris trois-quatre essais très vite. Le RCT a baissé les bras, même si on a marqué deux essais en fin de match. La semaine suivante, nous avons cédé d'un point à Toulouse, avec un essai refusé. Avec les méthodes d'Aubin, ça fonctionnait mieux devant. La relation avec Tana était honorable. Aubin était surnommé par les joueurs le Snake, le serpent. Il faisait le sale boulot, fliquait tout le monde et le groupe le lui reprochait. Mais il n'était pas payé pour être aimé. Lui était un père Fouettard.

Au final, non seulement on s'est maintenus, terminant à la neuvième place, mais nous avons dominé de manière inespérée Toulouse au stade Vélodrome, devant 60 000 personnes. La plus belle de nos délocalisations. J'avais les larmes aux yeux. Mais je cherchais toujours un cerveau, une manière de président sportif. Aubin m'avait prévenu qu'il avait eu Philippe Saint-André au téléphone. Il me suggérait de le relancer. Je le connaissais de réputation. J'avais l'image d'une sorte d'Arsène Wenger du rugby, le palmarès de joueur en plus : manager des Sale Sharks depuis 2005, champion d'Angleterre et élu entraîneur de l'année en 2006, parfaitement bilingue, 32 essais en 69 sélections en équipe de France dont 34 fois comme capitaine, soit le record à ce poste à égalité avec Jean-Pierre Rives.

Ceci dit, j'avais d'autres pistes, principalement menant au duo Laurent Labit-Laurent Travers, qui réalisait de belles choses à l'US Montauban, notamment la remontée en Top 14. Je devais les rencontrer à Paris. Sauf qu'on jouait le week-end suivant chez eux ! J'ai repoussé le rendez-vous d'une semaine, car si on nous voyait discuter à trois jours d'un tel match, ça aurait fait affaire VA-OM et les soupçons n'auraient pas manqué.

Je suis tout de même monté à Paris, où Philippe Saint-André devait passer. Je lui ai proposé de nous retrouver à La Cantine du Faubourg, rue du Faubourg-Saint-Honoré. PSA est arrivé avec deux heures de retard à cause de problèmes d'avion. À peine installé, il a demandé du vin rouge en me disant qu'il adorait ça. Autant dire que cela commençait bien ! Nous avons parlé près de quatre heures. Rien à dire, nous étions en phase. Très vite, j'ai su qu'on allait bosser ensemble.

Nous étions en janvier 2009, il lui restait six mois de contrat avec Sale. Je lui ai annoncé qu'il constituait mon premier choix, devant Labit-Travers. Le lendemain, nous nous sommes retrouvés au petit déjeuner à l'hôtel Pullman-Bercy. Nous avons signé un contrat moral. Lui attendrait l'officialisation noir sur blanc de ce contrat, moi je ne me pressais pas, partant du principe qu'il ne manquerait pas une virgule à ce sur quoi nous nous étions entendus concernant l'engagement de deux ans. Il a commencé discrètement à bosser sur l'ossature de l'équipe de l'année suivante.

La difficulté était que nous étions relégables, donc pas sûrs de nous maintenir. Il nous fallait un buteur pour bien finir la saison. Jack White, entraîneur des Boks champions du monde 2007, était venu faire un audit au RCT. Il nous a aiguillés vers son compatriote Conrad Barnard, aujourd'hui à Agen. « C'est le mec qu'il te faut, a-t-il affirmé. Il n'est pas génial mais te passera au pied ce dont tu as besoin. » PSA a validé. En plus, Tana Umaga réenfilait le maillot. Tout se présentait bien. Sauf que contre le Stade Français, pour la première de Barnard, ce dernier devait exécuter une pénalité de 30 mètres face au poteau. Dans ma tête, je me disais que ça y était, on allait enfin arrêter de stresser. Il s'est élancé et le ballon a fait « pschiitt ». Il a parcouru 30 mètres et n'a pas décollé...

Le demi d'ouverture sud-africain, sans être renversant, nous a tout de même enquillé les points qu'il fallait. Le maintien assuré, nous avons véritablement attaqué le recrutement. Sans Tana, sur le départ. Le nom de PSA apparaissait dans les journaux, je démentais. Tana m'avait avoué qu'il serait honoré de collaborer avec lui. Mais je considère dans une entreprise que, lorsque tu as été numéro un, tu ne peux pas devenir numéro deux. Pour lui, très humble, il était plus valorisant d'être le numéro deux de PSA que numéro un. J'ai organisé la rencontre entre les deux.

Philippe a expliqué que travailler avec Tana ne le dérangerait pas. Parmi ses premières décisions : faire revenir de Clermont deux anciens toulonnais, Pierre Mignoni et Laurent Emmanuelli. D'autres renforts se sont matérialisés, du flanker argentin Juan Martin Fernandez Lobbe au talonneur international Sébastien Bruno, du centre gallois Jamie Robinson à l'arrière écossais Rory Lamont. Il fallait aussi un 10. C'était la priorité. Lui voulait Felipe Contepomi, le capitaine de l'Argentine, moi j'avais une autre idée. Avant cela, j'ai d'abord pensé, puisque nous avions fait signer Philippe, à Sébastien Chabal : ils sont drômois tous les deux et le premier a recruté le second en 2004 à Bourgoin-Jallieu avant de le faire glisser de l'aile de la troisième ligne au centre. Je sentais qu'il aurait une bonne connexion avec la ville.

J'ai pris l'avion pour l'Angleterre, le pays où il fait nuit à 15 heures. Nous avons déjeuné à l'aéroport de Manchester avec Philippe, Chabal et son agent. Je l'imaginais rustre et renfrogné, à la voix caverneuse, comme il pouvait être présenté. Au contraire, j'ai trouvé un jeune trentenaire jovial, malicieux, déconneur et avec beaucoup d'humour. Un gamin qui s'amusait. Lui aussi avait de moi une image peu flatteuse, qui pouvait transparaître dans certains portraits. Je lui ai fait l'article sur le RCT, lui jurant qu'on allait se maintenir, ce qui n'était pas garanti, que Tana Umaga, une fois encore, reviendrait.

Je jouais mon va-tout car je savais que, la semaine suivante, il voyait Jacky Lorenzetti. Le président du Racing-Métro 92 sait y faire et, en plus, son club était bien parti pour figurer dans le Top 14. L'agent de Chabal me confirmera que Sébastien aurait signé tout de suite avec nous s'il avait été sûr de jouer dans l'élite. J'ai compris qu'on avait perdu parce que nous étions relégables mais ça reste une belle rencontre. Il est l'une des rares stars du rugby français et il a parfaitement su vendre son image. Et puis quelle puissance. Quand vous vous prenez un tampon de Chabal dans la gueule…

6

Soleil, éditeur de passions

Rahan, fils des âges farouches. Celui à qui Craõ, le père adoptif, transmet avant de mourir son collier de griffes, chacune d'entre elles symbolisant une qualité : générosité, courage, ténacité, loyauté et sagesse. Cette bande dessinée de Roger Lecureux et d'André Chéret a surgi dans le numéro un de *Pif Gadget*, en mars 1969. Quelques années après la création de la maison d'édition Soleil, en 1988, j'ai racheté les droits pour le monde entier des aventures de Rahan. J'ai vendu 3 000 exemplaires en trois jours du premier volume, 20 000 en trois mois. Les deux premiers tomes ont payé le passif, lequel m'avait conduit au bord du dépôt de bilan.

Lorsque les affaires ont commencé à bien tourner, j'ai acheté une maison plus confortable. Le déménageur, en contemplant l'endroit où nous allions habiter ainsi que ma Ferrari garée devant, a demandé à ma femme quel était mon métier. Elle a répondu éditeur de BD. Et lui de reprendre : « Oui, mais pour gagner sa vie, que fait-il ? »

Ma boutique de BD a déterminé la suite. La librairie Bédule marchait convenablement. Rapidement, j'ai voulu la développer, en particulier pour vendre davantage d'affiches de films et de concerts. Dans la même rue, en face, se trouvait un sex-shop, à vendre. Désireux de monter Bédule Image, je me suis entretenu avec le propriétaire de l'établissement, qui avait une formation d'avocat. Nous nous sommes rapidement mis d'accord et j'ai racheté son sex-shop. Il n'avait qu'une demande : il souhaitait garder le premier étage quelques mois, le temps de poursuivre l'édition de magazines porno. Je n'y voyais aucun inconvénient. J'ai donc commencé par exploiter le sous-sol, au milieu des cassettes vidéo X et des godemichés ! Il m'a confié avoir gagné beaucoup d'argent en éditant ce type de magazines, achetant les photos en Suède ou aux Pays-Bas. Mais la libéralisation des mœurs dans la presse l'avait tué et les ventes s'écroulaient. La passion de l'édition ne m'avait pas quitté, alors je lui ai proposé de nous associer. Ainsi est né MC Productions, M pour Mourad et C pour Coustoux, son nom à lui. Le tandem a duré le temps d'un seul livre, un catalogue de cul ! Lui était pressé d'avoir un retour sur investissement, ce qui est impossible en BD.

J'ai donc poursuivi seul, en gardant l'identité de MC Productions. Pour bénéficier d'une aide financière, j'ai déposé mon dossier avec photocopies couleurs dans une dizaine de banques. À un rendez-vous, je me suis trompé et je suis allé à la Lyonnaise de Banque au lieu du Crédit Lyonnais. Le conseiller m'a reçu et m'a proposé de me faire un prêt – je n'avais pas les 50 000 francs, soit 7 500 euros, pour constituer le capital social de ma société –, à la condition que mon père, fonctionnaire, se porte caution. Il m'a aussi autorisé un découvert et accordé un prêt sur cinq ans, que j'ai remboursé, sans l'aide de mon père.

À l'époque, les pastiches se vendaient bien. J'ai sollicité des auteurs jeunesse afin qu'ils réalisent eux-mêmes une adaptation de leur BD, mais en version cul ! Je leur demandais deux pages de parodies érotiques à chacun. Le livre a marché. Je jonglais entre la librairie et la maison d'édition. Ce n'était pas évident car je n'avais pas de fonds propres, ni de fonds de roulement, puisqu'un auteur met environ une année pour accoucher d'un livre. Je jouais sur les découverts et les retards de délai de paiement. J'ai tenu deux ans et demi à ce rythme. Je faisais tout moi-même : la caisse, l'aspirateur, contacter les auteurs tandis que les portables n'existaient pas. J'ai cru que j'étais arrivé au bout de l'aventure. La faillite guettait, je n'arrivais plus à payer les imprimeurs.

Je devais aussi régler des problèmes avec les diffuseurs, sans qui on ne peut pas vivre dans la BD. J'avais à cet effet rendez-vous avec Bruno Lassalle chez Vents d'Ouest, au même titre qu'un homme avec de la prestance et un carnet d'adresses : le propre fils de Raymond Leblanc, le fondateur du journal *Tintin* et des éditions du Lombard, plus tard rachetées par Dargaud, qui venait de créer sa société. Bruno Lassalle nous avait prévenus qu'il ne prendrait que l'un de nous deux. Je pensais que c'était mort pour moi compte tenu du pedigree de mon « concurrent ».

À ma grande surprise, j'ai été choisi. Cela me semblait tellement improbable que j'ai demandé à signer tout de suite. On l'a fait, sur un bout de papier. J'ai passé la soirée à l'aéroport d'Orly. Une soirée magique, pleine de sensations fortes : alors que j'étais proche de la fin, j'avais trouvé un diffuseur, ce qui signifiait que je pouvais continuer. J'allais le faire mais sous une identité nouvelle. Comme Dargaud, Dupuis ou Casterman, je voulais donner mon nom de famille à ma maison. Mais Le Pen et le FN étaient en train de monter dans les sondages, alors Lassalle m'a dissuadé de l'appeler Boudjellal ou Mourad Éditions. « Ça te coupera de la clientèle. Tu habites Toulon, tu vis dans le Sud, appelle-la Soleil », m'a-t-il suggéré. J'étais frustré, tant il s'agissait d'une forme de racisme, mais je me suis rangé à son opinion.

Très vite, Vents d'Ouest a été racheté par Glénat. Or il s'agissait de notre principal concurrent. Je ne pouvais plus aller chez eux. J'ai déposé un dossier chez Hachette, dont j'ai été sans nouvelles pendant deux mois. Cela sentait ma seconde mort et j'envisageais, faute de diffuseur, de vendre moi-même les bouquins au cul de la camionnette.

Un soir, j'étais dans mon magasin quand le téléphone a sonné. M. Mayer, de chez Hachette, souhaitait me rencontrer à Paris. Il m'a proposé un contrat très contraignant certes, mais Hachette acceptait de diffuser mes livres.

Pour continuer de grandir, j'avais en tête une idée toute bête. Il n'y avait jamais eu d'albums de *Rahan* mais uniquement des versions revues. La génération qui avait lu ses aventures en jean portait maintenant le costume. Pourquoi ne pas leur proposer une version costume de leurs souvenirs en jean, l'adaptant au look d'aujourd'hui ? J'ai racheté les droits de *Rahan* et copié, d'une certaine façon, le principe de Radio Nostalgie, station qui venait de se lancer. *Rahan*, qui a bercé mon enfance, relevait pour moi de l'évidence.

Pif Gadget, l'hebdomadaire dans lequel il paraissait, n'existait plus. Le Parti communiste, qui avait fondé le journal, possédait une pépite entre les doigts ; il n'avait pas su l'exploiter. Le flou régnait et on ne savait pas à qui appartenaient les droits, même si les créateurs ne touchaient plus un sou. J'ai imaginé une formule à laquelle eux et leurs héritiers ont souscrit : je leur signais un contrat, ils percevraient un pourcentage sur les ventes et, vu qu'ils n'avaient rien touché ou presque jusque-là, aucun éditeur n'oserait les attaquer et revendiquer la propriété des aventures, compte tenu des montants qu'il faudrait dès lors honorer. Cela a fonctionné, aucun dû n'a été réclamé. L'opération ne m'a rien coûté, tant pis pour le PC…

Il fallait aussi convaincre Hachette de l'ingéniosité de ma trouvaille. J'ai mesuré à quel point certains, en interne, désiraient que j'échoue. En réunion commerciale, seul un représentant m'a encouragé à foncer. La direction ne croyait pas en moi. Ou elle me bizutait.

J'ai sorti le tome I de *Rahan* et j'en ai imprimé 3 000 exemplaires. Tous se sont écoulés très rapidement. J'en ai aussitôt réimprimé 3 000, qui ont mis dix jours à être livrés. Je regardais sur le Minitel et je ne visualisais pas les entrées de stocks. Mais parce qu'ils se vendaient tout de suite, ils n'avaient même pas le temps d'être stockés !

Les hypermarchés se sont alors penchés sur le phénomène. Lorsque j'ai publié le tome II, ils m'ont demandé d'en sortir 7 000 de plus en produits tests, qui se sont transformés en 15 000. Le réseau s'est affolé. Je me suis retrouvé avec 22 tomes à livrer, soit 3 300 pages, déjà dessinées. Et je devais en réimprimer sans cesse. Même si je ne tenais pas une comptabilité rigoureuse, je devais environ 400 000 francs, sans compter les arriérés. Avec les seuls deux premiers tomes, j'avais soldé mes dettes ! Les vingt autres tomes constituaient donc des bénéfices. Rahan se vend encore aujourd'hui chaque année à 5 000 à 6 000 exemplaires par tome.

Éditer des BD était ma passion. Je ne montais pas des affaires, je montais des passions, qui sont devenues des affaires. Je n'aurais pas pu, par exemple, vendre des immeubles, ça ne m'intéresse pas, même si j'ai eu des opportunités. Avec les sommes récoltées grâce au tome III de *Rahan*, j'ai poursuivi dans les rééditions et racheté les droits mondiaux de *Tarzan*, de *Flash Gordon*, de *Mandrake le magicien* et du *Fantôme du Bengale*. J'ai arrosé le marché !

Rééditer des bandes dessinées cultes me permettait de faire tranquillement travailler de jeunes auteurs, sur qui je misais. C'était comme un centre de formation. Je savais que, tôt ou tard, ils prendraient leur envol. Soleil Productions tournait de mieux en mieux. Quand ça marche pour vous, tout s'accélère : les auteurs plus cotés viennent vers vous, les difficultés disparaissent comme par enchantement, vous faites des petits déjeuners d'affaires, vous pouvez même vous asseoir sur le bureau du banquier. J'étais serein, heureux de voir de nouveaux visages, d'embaucher deux-trois personnes par mois. La société se structurait.

J'ai aussi édité mon grand frère, Farid. Une fierté. J'étais son premier fan. Il y a eu *Jambon-beur, les couples mixtes* en 1995 et *Le Beurgeois* deux ans plus tard. Farid a inventé ce néologisme, mélange de beur – à la fois arabe en verlan et jeune né en France de parents maghrébins immigrés – et de bourgeois. Quand il m'a parlé de cet album, j'avais trouvé le concept rigolo. Il fallait arrêter avec ce misérabilisme, avec ces Arabes constamment représentés en mecs des cités. Il existe aussi, et heureusement, des réussites. Je me suis rendu compte qu'une certaine presse de gauche avait du mal à accepter les beurgeois, préfèrant entretenir le système avec des enfants d'immigrés qu'elle peut choyer et protéger. SOS Racisme, par exemple, me détestait : avec des mecs comme moi, ils n'avaient plus de fonds de commerce !

Pour *Le Beurgeois*, Farid s'est un peu inspiré de moi[1]. Mais, quand le héros prend l'avion pour le plaisir de venir casser la figure à un prestataire qui le nargue et refuse de payer une facture, ce n'est pas moi, même s'il s'est nourri de mon caractère. Il est vrai que je suis assez sanguin. Pour être honnête, j'ai du mal à lire les BD de Farid. *Mémé d'Arménie*, par exemple, je ne peux pas. C'est compliqué. Je sais de quoi ça parle, je l'ai vécu, mais je ne l'ai jamais lu. Farid met de la sensibilité dans tout ce qu'il fait et, cette sensibilité-là, je

1. C'est le moins que l'on puisse dire : en couverture, un homme d'affaires en costume noir, Mouloud Benbelek, distribuant des billets de 500 francs au volant d'un bolide rouge. Ce héros est un fort en gueule, très riche, influent, ingénieux, revanchard et bagarreur.

n'ai pas envie de la connaître. Nous sommes très différents, il vit à Paris et nous entretenons peu de rapports. Les gens ont d'ailleurs du mal à croire que nous sommes frères. On ne se ressemble ni physiquement, ni dans le caractère. Lui est *peace and love*, je suis tout l'inverse. Mais il m'a toujours défendu, et *vice versa*. Au début, grâce à la publication de ses BD, il était plus connu que moi. J'étais le frère de Farid, c'est désormais l'inverse. La chose s'avère pénible pour lui, il me l'a dit.

Au début, faute de moyens, je faisais surtout ce que les autres ne voulaient pas faire. Cela s'est traduit par les rééditions, des rachats de droits et quelques coups malins. Il fallait d'abord survivre. Mais je ne perdais pas de vue la volonté de financer de la création. Parmi les auteurs que je couvais, qui habitaient dans le sud de la France et écumaient comme moi les festivals, Didier Tarquin, natif de Toulon. Il était client de ma librairie spécialisée et je le soupçonnais même de me voler des livres ! Il dessinait et je lui ai proposé de lui écrire des scénarios. J'ai édité en 1990 chez Soleil sa première BD, *Les Maléfices d'Orient*, dont j'ai signé l'histoire. Il a ensuite écrit tout seul des bouquins que j'ai édités, comme la série *Röq*.

Je croyais en lui mais cela ne marchait pas. La situation de Soleil n'était pas florissante et j'étais parti pour lui révéler que nous allions arrêter notre collaboration, même si, comme je le lui avais conseillé, il dessinait désormais directement en couleurs. Toutefois, dans les cartons qu'il trimballait avec lui, j'ai discerné une ou deux pages d'une BD en noir et blanc sur laquelle il planchait à vide et qui étaient incarnées par des gamins. J'ai flashé tout de suite. Et je lui ai lancé : « Oublie ce que je t'ai dit sur la couleur, reviens au noir et blanc. Ton dessin me plaît, il faut développer l'histoire et te trouver un scénariste. » Je pensais vraiment que ça pouvait fonctionner. Quelques jours plus tard, nous nous sommes retrouvés à un salon du livre. Didier Tarquin a voulu prendre un café et, accompagné de Christophe Arleston, dont j'avais édité des livres, ils m'ont annoncé vouloir bosser ensemble. Ils avaient décidé eux-mêmes de leur association. Pour leur histoire, je me suis souvenu d'un voyage en train avec Christophe, où il s'était épanché sur une belle idée de scénario, qu'il a ensuite redécoupé. Je n'ai pas une intelligence particulière, je me fie à mon intuition. Comme j'avais confiance et que j'aimais bien Didier et Christophe, je me suis mis en quête de convaincre le meilleur coloriste du moment, Yves Lencot. Je me suis saigné car il était cher mais je voulais donner tous les atouts à leur création. Ainsi sont nées, en septembre 1994, les aventures de *Lanfeust de Troy*, pionnier en France d'un nouveau genre, l'heroic fantasy.

L'heroic fantasy, c'était ma culture. J'ai été élevé par J.J.R. Tolkien, l'auteur de *Bilbo le Hobbit* et du *Seigneur des anneaux*, et par H.P. Lovecraft, dont Stephen King a prétendu qu'il était « le plus grand artisan du récit classique d'horreur du XXe siècle ». J'adorais les romans de science-fiction, ceux de Philip K. Dick, dont l'adaptation des œuvres au cinéma a donné *Blade Runner*, *Total Recall* ou *Minority Report*, ceux de Frank Herbert, l'auteur de la saga de *Dune*, ou encore ceux de Robert E. Howard, qui a inventé le personnage de *Conan*. Toute cette littérature m'intéressait. Produire du fantastique médiéval en BD était une façon de le faire découvrir à ceux qui n'aimaient pas ce genre ou l'appréciaient mal. Et puis en BD, les effets spéciaux sont gratuits ! On décide que Superman porte la planète Terre et, hop, en trois coups de crayon, c'est fait. Le cinéma nous a, depuis, rattrapés ; c'est le drame d'aujourd'hui avec des bandes dessinées qui semblent ringardes face aux effets spéciaux du cinéma.

En éditant *Lanfeust*, mon intention première consistait à me faire plaisir et à faire plaisir au marché. En réunion commerciale, le bouquin a été bien accueilli mais personne n'aurait imaginé un tel succès, à commencer par les auteurs eux-mêmes : nous avons vendu un million du tome I des aventures de cet apprenti forgeron installé dans le monde de Troy, une planète peuplée d'humains, de trolls et de monstres, lancé dans une quête initiatique après avoir découvert qu'il possédait un pouvoir hors du commun.

Les épisodes suivants ont connu des ventes là aussi hors norme. La série a notamment explosé après que j'ai imaginé une opération promotionnelle originale. Le magazine *VSD* étant en vogue, je suis allé voir son patron, Jean-Marie Burn. Je lui ai fait une proposition qu'il ne pouvait pas refuser : prépublier le nouveau *Lanfeust* chaque semaine par épisode et le soutenir par une campagne. De mon côté, je m'engageais à imprimer un numéro exceptionnel de *VSD* accompagnant gratuitement le tome I de *Lanfeust*. J'ai payé la fabrication des 500 000 exemplaires. L'opération ne coûtait rien à *VSD*. Burn a accepté immédiatement. J'estimais plus intelligent de dépenser 200 000 euros pour imprimer 500 000 bouquins que de m'offrir une campagne d'affichage à 150 000 euros. Ces nouveaux lecteurs, à une période où la prépublication ne se pratiquait pas, ont été prescripteurs et ont fait connaître *Lanfeust*.

Les huit tomes ont cartonné. Des déclinaisons ont vu le jour, tels *Lanfeust des Étoiles* ou *Lanfeust Odyssey*. Soleil a également lancé, à partir de 1997, une autre série dérivée de *Lanfeust*, *Trolls de Troy*, qui a remporté quelques prix, comme celui par deux fois du Meilleur album jeunesse au festival d'Angoulême. Une revue a été créée par Soleil, *Lanfeust Mag*, un mensuel dont Christophe Arleston est le rédacteur en chef. Grâce au triomphe de *Lanfeust*, j'ai pu devenir le leader du secteur. Cela m'a permis de travailler avec Marvel, devenant le premier éditeur français à réussir aux États-Unis.

Je ne dirai pas que le triomphe de *Lanfeust* était prévisible mais, rétrospectivement, une anecdote amusante prend sens. M. Mollet, un ami de mon père, était un horloger bijoutier réputé à Toulon avant qu'il n'arrête tout pour se lancer dans la voyance. Beaucoup le prenaient pour un fou. Lui avait de l'affection pour moi. Je préférais lui faire la bise : il était capable, rien qu'en serrant la main de quelqu'un, de sentir si cette personne allait mourir dans les quinze jours ! Un jour qu'il passait à mon bureau, il m'a délivré deux prédictions : que je réussirais très loin dans l'édition mais que je devais me méfier de la flamme rouge, ce que je n'ai jamais compris.

Sur ce, il est passé devant la table ronde de mon bureau sur laquelle trônait un exemplaire de *Lanfeust*, pas encore sorti et tout juste livré par l'imprimeur. Il n'y connaissait strictement rien en BD mais, en frôlant le titre, il s'est figé, comme s'il avait pris une décharge. Il m'a demandé de quel album il s'agissait, assurant : « Il y a là une énergie hallucinante. » Il était incapable de le toucher, ni même de le regarder. Étonnant destin que celui de *Lanfeust*.

L'édition, c'est vraiment votre intelligence, votre QI. Une idée peut changer votre vie. J'aime ça.

Pour le soir du 31 décembre 1999, on nous vendait le bug de l'an 2000. Quelques semaines plus tôt, j'ai soumis en réunion commerciale un projet : fabriquer un livre en édition limitée et qui ne serait en vente qu'un seul jour, ce qui n'arrive jamais. J'ai mis en place un système pour que les libraires reçoivent l'ouvrage le 31 décembre et signent un contrat les obligeant à nous renvoyer les invendus dès le lendemain. L'album choisi reprenait le tome VII de *Lanfeust* avec des inédits. Il existait pour la couverture une version cuivre, or et argent. Tout acheteur de ce tirage limité se voyait remettre un certificat attestant qu'il a vécu le dernier jour du millénaire. Ce fut un succès gigantesque et les lecteurs faisaient la queue pour se procurer ce livre objet. On en a vendu des milliers et le prix fixé était élevé car c'était un collector. Aucun retour n'a été signalé.

Curieusement, Soleil a été le seul, dans le domaine culturel, à concevoir quelque chose de spécifique pour le passage à l'an 2000. La preuve, une fois encore, que les idées sont plus fortes que l'argent. Moi, quand j'ai besoin d'argent, je cherche des idées ! Il convient d'être ouvert sur le monde extérieur pour être irrigué. Mais je ne me limitais pas à l'heroic fantasy.

La série humoristique *Les Blondes*, de Gaby et Dzack, c'est aussi Soleil. Ce n'est certes pas notre création la plus intelligente, mais les pensées de Vanessa, Ophélie, Amandine ou Kim ont lancé le mouvement. J'ai toujours été sensible au public féminin. Jusqu'alors, l'univers de la BD était essentiellement constitué de mecs négligés vivant dans leur bulle et assez exclusifs car n'aimant que la BD. Des geeks avant l'heure, qui ne faisaient pas attention à eux, portant veste, santiags et pantalon en cuir, même sous 40 degrés. Je me suis efforcé de changer les mentalités, demandant par exemple aux auteurs, à l'occasion des dédicaces, d'être présentables. Ils le devaient à leur public et le minimum était de se montrer à la hauteur.

C'est sans doute pour cette raison que, dans les salons, les stands de Soleil attiraient le public féminin. Nous en avions toujours beaucoup qui passaient, ce qui agaçait les concurrents, qui avaient moins de chance. Les filles achetaient et lisaient nos BD. Je pense que, d'une certaine façon, avec ce public neuf, nous avons quelque peu changé l'image du dessinateur. Cela ne signifie pas que ma réputation s'arrangeait.

Au Festival international de la bande dessinée d'Angoulême, notre Festival de Cannes à nous, qui existe depuis 1974, j'étais toujours considéré comme l'épouvantail, le grand méchant. Certains confrères estimaient que j'avais un « catalogue de merde », que je ne pensais qu'à l'argent, que je ne faisais « que » du populaire. Je me rappelle d'un article rédigé par Jean-Christophe Menu, dans sa maison d'édition alternative L'Association, composée de sommités intellectuelles du milieu. Dans l'un de ses billets, cet auteur de BD prétentieux évoquait Soleil et notre voisin de stand, les éditions du Triomphe, à la réputation d'extrême droite et avec laquelle nous nous étions accrochés. Sa plume fielleuse parlait du « stand d'extrême droite Triomphe et de l'immonde Soleil » ! Immonde, c'est comme cela qu'il nous voyait.

Une perception partagée par les éditeurs les plus pointus, ceux qui avaient fait le choix de faire des livres intelligents mais qui ne se vendaient pas. Pour eux, vendre en hypermarché était sacrilège, c'était pour les crétins. Pas pour nous. Cela a failli tourner au pugilat. Vraiment, ça ne passait pas.

À Angoulême, j'ai lancé un jour un pari à la con : si Soleil récoltait un prix, j'irais pisser sur l'emplacement de L'Association. On a remporté un prix et j'ai honoré mon engagement, déversant sur leur stand la bouteille que je venais de remplir. Ils l'ont su ! Et ils n'ont pas aimé.

Nous n'étions pas dans leur trip. À Angoulême, on s'amusait, on mettait de l'ambiance et de l'animation. Il est exact que notre zone ressemblait davantage à une boîte de nuit qu'à un atelier de dédicaces, sans parler des fêtes le soir avec boules à facettes et danseuses du ventre. Plus on nous demandait de baisser la musique, plus je montais le son. Je mettais du raï, ou les Rolling Stones.

Une fois une panne de courant s'est produite et donc la musique s'est éteinte. Les gars de L'Association ont applaudi, soulagés. Du tac au tac, j'ai répliqué : « Ah bon, vous avez vendu un livre ? » Je crois que ça les énervait ! Pas de chance pour eux : devant notre stand se dressaient des files d'attente interminables et, dès 10 heures, la queue débordait. Ils attendaient des heures afin d'obtenir un dessin. Pour patienter et quand ils en avaient marre d'être debout, les visiteurs s'asseyaient sur leur emplacement...

Soleil à Angoulême, c'était quelque chose. Nous étions décriés au départ, presque interdits de salon car pas assez respectables. Au fil du temps, on nous a suppliés de venir. Nous appartenions au folklore. Ceux qui essayaient de nous imiter se cassaient les dents : faire l'événement est une culture. Associé à TF1, j'ai publié l'album BD de la Star Academy et j'ai emmené les apprentis chanteurs au festival. Nous étions au bord de l'émeute. Il était important de faire plaisir au public, d'ouvrir la bande dessinée à d'autres, de la décloisonner. Passer de « Paris Latino » de la Star Ac à « La Fille du coupeur de joints » d'Hubert-Félix Thiéfaine, un artiste avec qui j'ai fait un bouquin, est une jouissance. Eddy Mitchell et Patrick Bruel sont également venus à Angoulême signer l'adaptation en BD de leurs chansons tandis que j'ai organisé un concert privé de Bernard Lavilliers. J'ai aussi signé en BD les morceaux de Julien Clerc et Johnny Hallyday, publié une bande dessinée dont Claude Lelouch a écrit le scénario. Je ne prétends pas rendre les gens plus intelligents, mais j'essaie de leur donner un peu de drogue culturelle et de les aider à oublier momentanément leurs problèmes.

Il n'existe pas de recette miracle pour être populaire. Ceci dit, je pense avoir le sens du populaire. Je me régale des mises en scène. Il faut mettre les choses en scène, dans la BD comme dans le rugby, de sorte que les gens aient l'impression d'assister à un événement. Pas question de se tromper : nous vendons du rêve. Je suis à l'affût de tout ce qui marche, au moins par curiosité. Je sais être à l'écoute. Je pense qu'il n'y a pas de hasard si quelqu'un, ou quelque chose, touche le public. Pour l'atteindre, il est indispensable de posséder une forme de talent, d'être en phase avec ce que les gens demandent. Et il faut y ajouter un truc en plus.

Je ne suis pas forcément fan de « Gangnam Style », du Coréen Psy. Mais il est délicat de passer à côté de son clip, qui a dépassé le milliard de vues sur YouTube. En découvrant la bande-annonce de *Bienvenue chez les Ch'tis*, je savais que c'était gagné. Dany Boon surfait sur un truc que personne n'avait vu et il y a mis sa sensibilité, restant fidèle à lui-même. De toute façon, le public a toujours raison. Il en va de même pour la littérature. Je ne lis pas Marc Lévy, mais je connais. Il y a une forme de séduction dans son écriture. Après une journée de boulot, les gens n'ont pas nécessairement envie de lire un traité de philosophie. Les biographies fonctionnent également. Le public s'intéresse à la vie des autres, c'est la téléréalité de la littérature. Sur l'écran, il regarde des émissions où les gens s'invitent à manger entre eux ou essaient de percer dans la chanson, cherchant la sensation de voir du « vrai ». Je remarque d'ailleurs que le domaine du sexe anticipe souvent. Alors que l'industrie du porno se portait bien, une fille est venue avec une caméra vous filmer chez vous en train de faire l'amour : elle a inventé la téléréalité. Le Minitel et Internet se sont développés grâce au cul, qui surfe sur le côté voyeur des gens. Certains sites de charme sont avant-gardistes, même s'il faut les réadapter au monde dans lequel nous évoluons. Mais on ne peut nier qu'ils ont le sens du spectacle, proposant très en amont des films en 3D ou interactifs.

Soleil a récolté des prix à Angoulême. Mais il est plus complexe d'obtenir de grosses ventes que de rafler des récompenses. Aux Césars, les comédies remportent rarement la mise. Il en va de même dans la BD. Je n'ai pas compris certains albums honorés : je ne suis sans doute pas assez intelligent. En achetant ces titres distingués, le lecteur verra un monde clos, dans lequel il n'osera pas pénétrer. Il faut savoir se rendre accessible pour être apprivoisé. Pour initier quelqu'un au cinéma, s'il commence par visionner un film du Japonais Ozu, pas sûr qu'il retourne en salle ! Des auteurs, pour exister et se décomplexer par rapport à la littérature, accouchent d'œuvres misérabilistes ou très pointues, hermétiques, proches de la masturbation intellectuelle.

La BD populaire n'est pas forcément exécutée par des crétins. Prenez le dessinateur Albert Uderzo, créateur d'*Astérix* avec le scénariste René Goscinny. Je lui dois d'ailleurs l'une de mes meilleures ventes. Je peux en effet me targuer d'être, avec Dargaud, le seul éditeur à avoir un contrat signé de sa main. Tout est parti, là encore, d'une intuition. J'ambitionnais de publier un faux *Astérix*. Des parodies existaient mais je voulais faire mieux.

En 1996, je suis allé à la rencontre d'Uderzo en lui expliquant que je souhaitais réaliser un livre hommage, sollicitant une quinzaine d'auteurs afin qu'ils dessinent le petit guerrier gaulois sur trois-quatre pages chacun. J'ai eu la chance qu'il soit en conflit ouvert avec Hachette. Il voulait emmerder son diffuseur, ce qui m'arrangeait bien même si je n'étais pas au courant. Je comptais parmi mes amis Bernard de Choisy, le mari de Sylvie, la fille unique d'Uderzo. Je l'avais aidé dans le passé et il m'avait servi de relais pour approcher son beau-père. Ils se parlaient encore, en ce temps[1]. Très

1. En février 2011, Sylvie de Choisy, née Uderzo, a déposé plainte contre X pour « abus de faiblesse » afin de protéger son père, 84 ans, tombé selon

vite, j'ai compris que Bertrand de Choisy avait trouvé mon idée bonne mais faisait en sorte de la freiner pour mieux la récupérer. Dès lors, je n'ai plus fait appel à lui.

Je juge les gens sur des détails. Quand une même personne, soit le beau-fils d'Uderzo, vous demande de l'épauler dans sa quête d'un imprimeur, que vous lui présentez le meilleur, que vous les réunissez au Fouquet's, que le contact passe bien, que l'imprimeur fait un effort sur le prix et les conditions de paiement puisqu'il est recommandé par moi, et qu'il vous laisse payer l'addition alors que je n'avais aucune raison d'être là, hormis d'aider cette personne à se lancer, alors vous avez compris !

J'ai poursuivi mon opération avec mes dessinateurs et je montrais au fur et à mesure à Uderzo les productions très librement inspirées d'*Astérix*. Je craignais qu'il ne me renvoie dans mes buts, je me demandais quand il allait m'arrêter en me disant : « Stop, vous faites des faux *Astérix*. » Mais non, il ne disait rien. Alors j'ai continué, reproduisant la même maquette, le même lettrage, le « Une aventure d'Astérix le Gaulois » en haut de la couverture sur fond blanc. Je lui ai proposé trois versions de l'album intitulé *Uderzo croqué par ses amis*, deux libres et la dernière, presque un copier-coller du vrai. Il m'a dit : « Je trouve la première couverture très bien mais je pense que vous allez préférer la troisième et vous pouvez le faire, je vous y autorise ! »

Il n'avait qu'une demande, elle concernait la date de sortie. Nous avons naturellement obtempéré. Le nouvel et véritable album d'*Astérix* est sorti le lendemain. Il voulait emmerder Hachette jusqu'au bout. Cela a fonctionné au-delà de ses

---

elle sur « des aigrefins ». En juin de la même année, *Le Nouvel Observateur* plongeait dans la saga familiale à travers une enquête intitulée « *Astérix* et les voraces : une affaire Bettencourt bis ? ».

espérances. Beaucoup de lecteurs ont acheté notre album en pensant s'offrir l'original. Le succès a été phénoménal : plus de 500 000 exemplaires vendus. Sans le vouloir, nous avions bénéficié d'une énorme campagne. Uderzo s'était bien amusé, ses héritiers moins et Hachette n'avait pas apprécié, d'autant que je n'étais plus diffusé par eux.

Quelques années auparavant, j'avais délaissé Interforum, important distributeur et diffuseur, car mon interlocuteur, avec qui je travaillais en confiance, était parti chez Hachette. Ce départ m'avait coûté une fortune, simplement parce que je n'avais pas envie de bosser avec les gens en place, ni de faire semblant. Nous sommes allés au tribunal, j'ai demandé la rupture du contrat, l'affaire a traîné des années, une expertise judiciaire a eu lieu. Bref, un dossier très lourd. Mais je ne désirais pas me forcer.

Plus tard, Hachette, que j'avais à son tour quitté, aspirait à ce que je revienne dans leur giron. Je connaissais des soucis avec eux mais leur responsable m'a formulé une proposition financière incroyable. Dans une petite voiture de location, sous la pluie, je me suis rendu à Maurepas, dans les Yvelines, au siège d'Hachette Livre, qui dispose d'un centre de 50 000 mètres carrés pour assurer la distribution de ses éditeurs et de leurs partenaires. Accepter, c'était trahir. Alors j'ai dit *niet*.

Sur le chemin du retour, tandis que les essuie-glaces usagés balayaient le pare-brise, je me suis demandé si je n'étais pas devenu fou. Le montant proposé était alléchant et m'aurait fait du bien alors que j'avais des échéances à honorer. Mais c'est ma façon de faire, cela ressemble à un choix de vie. Nous travaillons avec des personnes physiques et non pas des entités morales, quelle que soit la valeur de l'institution, cotée ou non en Bourse. Le fonctionnement de la justice, avec un juge qui n'est pas une machine et prend en compte différents paramètres, en est l'illustration. À mes yeux, les règles changent en fonction de la personne que l'on a en face de soi, pas de son appartenance à telle ou telle entreprise.

Je ne crois pas en la justice divine. Mais je crois en Nicolas Flamel. En 1990, j'ai publié *Les Philosophes par le feu*, de Jean-Marie Parent et Willy Vassaux. Le bouquin a moyennement marché. Il se penchait sur le destin de Nicolas Flamel, bourgeois du XIVe siècle, devenu alchimiste et censé avoir réussi dans la quête de la pierre philosophale, qui permet de transformer le plomb en or.

J'ai décroché le téléphone au bureau : un groupe de prières tenait à me remercier d'avoir réanimé l'esprit de Nicolas Flamel. « Vous verrez, ce livre vous protégera », m'a-t-on assuré d'une voix paisible avant de raccrocher. L'ouvrage avait été imprimé par les éditions Dupuis et je n'avais jamais reçu la facture. Un an après, je l'ai enfin reçue. Là-dessus survient mon premier contrôle fiscal, préparé jour et nuit avec mon jeune expert-comptable, aujourd'hui commissaire aux comptes. J'ai reconstitué en une nuit blanche les recettes des trois années écoulées à partir des tickets car je ne tenais pas de livre de caisse. Le torticolis et le mal de dos étaient tenaces.

Quand le contrôleur a débarqué, j'avais une peur bleue, je pensais que c'était la fin de tout. Il a commencé à plonger son nez dans les factures et les écritures comptables, vérifiant notamment les OD, pour « opérations diverses ». Si je récoltais un redressement, je n'existais plus, j'étais mort, moi qui devais déjà de nombreuses charges que j'étais incapable de payer. J'étais déjà en train de calculer combien j'allais prendre pour faux et usage de faux. Mon expert-comptable se décomposait.

Le contrôleur, la semaine suivante, nous a posé des

questions écrites, ce qui m'a incité à explorer mes archives. Je n'en menais pas large. Et, là, je suis tombé par hasard sur la facture du livre consacré à Nicolas Flamel, une OD de 1990 mais envoyée par oubli en 1991. J'ai tenté un coup de bluff. Je l'ai montrée au contrôleur, en lui disant : « Vous voyez, cela date de 1990 mais c'est mentionné comme étant fait l'année d'après. » Il l'a regardée, a barré ce qu'il nous demandait puis a tout rayé, se contentant de vérifier une seule facture. Nicolas Flamel a vraiment sauvé Soleil !

À raison de 350 livres par an, j'ai dû en éditer pas loin de 10 000, vendre plus de 50 millions exemplaires, soit 5-6 millions par an. Plus de 400 auteurs ont collaboré chez Soleil. Mais le passé ne m'intéresse pas. Une fois le livre sorti, je passais à autre chose, il ne m'appartenait plus. Seuls ceux qui restaient à produire me passionnaient. Depuis que j'ai cédé la maison d'édition, je ne consomme plus trop de bande dessinée. J'avais déjà du mal à lire celles que je fabriquais. Au bureau, je supervisais le travail, je regardais le scénario. Je me rattrapais véritablement en vacances : dans une grande valise, j'arrachais les couvertures pour qu'elles soient plus légères et j'en dévorais des dizaines par jour.

Je me contente désormais d'observer ce qui sort, avec l'œil du professionnel. Je suis resté en contact avec quelques auteurs, comme Christophe Arleston, c'est-à-dire ceux qui auraient pu m'appeler à trois heures du matin pour aller les récupérer sur l'autoroute en cas de panne. J'avais besoin de couper, d'autant que sortaient encore il y a peu des livres que j'avais impulsés et signés. La librairie Bédule existe toujours à Toulon mais j'y vais à peine. Je n'ai même pas demandé à recevoir les ouvrages du catalogue Soleil. Peut-être que je redeviendrai éditeur dans trois-quatre ans, une fois l'énergie revenue, et dans une structure plus souple et légère, mais, pour l'heure, je suis vidé. C'est pour cette raison que j'ai décidé d'arrêter.

Durant des années, j'ai entretenu avec les auteurs des relations intenses, fortes, qui m'ont vampirisé. Je devais sans cesse gérer leurs problèmes. Là encore, lorsque j'appelle ceux que j'apprécie, ils me confient leurs galères. Pas un seul ne me demande si je vais bien. J'ai passé ma vie à m'occuper des autres. La relation n'est pas la même dans le rugby. Avec un auteur, on accouche d'un bébé, qu'il s'agisse d'un album ou d'une série. Au rugby, je ne me vois pas aller trouver Jonny Wilkinson et lui suggérer de jouer comme ci ou comme ça. Bernard Laporte, lui, peut le faire. Pas moi. En BD, une victoire se partage à deux ou trois, c'est beaucoup plus dilué dans le rugby, entre les joueurs, le staff et le public.

J'étais à bout, vraiment. Au point que, un soir que je dînais avec Guy Delcourt, ancien rédacteur en chef de *Pilote* avec qui j'étais associé depuis la création en 2003 du diffuseur Delsol, je lui ai confié : « Pourquoi tu ne me rachèterais pas ? » Il m'a demandé si j'étais sérieux. Je le lui ai confirmé par mail. Sans que personne ne soit au courant, une société parisienne a réalisé un audit de Soleil. Delcourt et moi sommes tombés d'accord en moins de quinze jours et nous sommes tapé dans la main. J'avais envie de changer. L'édition était devenue trop lourde.

Je ne voulais pas d'un appel d'offres impersonnel et vendre au plus offrant. Je cherchais quelqu'un de compétent, qui sache s'occuper des auteurs et conserver une dimension humaine. Sans doute aurais-je pu trouver un meilleur prix ailleurs mais ce n'était pas mon intention. En plus, le rugby me prenait de plus en plus de temps. Je devenais frustré de ne pas parvenir à faire au RCT ce que j'accomplissais dans la bande dessinée. Il me fallait prendre du champ. Je commençais à aller au bureau comme on se rend à l'usine : ce n'est pas bon signe.

Certains matins, je n'avais plus envie de venir à Soleil. J'étais à court d'idées, je devenais agressif avec les auteurs, ce qui ne m'arrivait jamais. Bref, je n'étais plus aussi performant. Et puis les auteurs finissaient par m'ennuyer, tout devenait compliqué avec eux, comme ce personnage important chez Soleil qui m'a envoyé un mail le vendredi pour me dire qu'il nous quittait, est resté injoignable durant de longues journées, avant de revenir à la raison en expliquant qu'il avait bu et traversait une mauvaise passe ! D'autres versaient dans le chantage, ne respectant pas les contrats – deux ans de retard tout de même ! – mais réclamaient qu'on les paye. Je ne pouvais plus supporter ces comportements, sans parler des histoires de cul dans la boîte qui parasitaient l'ambiance. Les conflits internes se multipliaient. Quand vous vous rendez compte que la compétence n'est plus le premier niveau de promotion…

Retrouver ma liberté de parole était devenu vital. Sinon j'allais péter un plomb. Faire en sorte en juin 2011 que Delcourt, personnage étonnant et brillant, un autodidacte comme moi, qui plus est mon principal concurrent, acquière une part majoritaire du capital des Éditions Soleil pour devenir le premier groupe de BD indépendant était une évidence. Delcourt, que je croisais depuis vingt ans, était bon et je le respectais. Je confiais mes auteurs à quelqu'un qui les appréciait, pas à un fonds de pension américain. Soleil voyait en outre son identité préservée et je restais actionnaire de la société, dirigeant quelques projets et entretenant la relation avec les auteurs historiques. Il avait l'énergie que je n'avais plus.

Lorsque j'ai annoncé la nouvelle aux salariés, des larmes ont coulé. J'ai monté cette maison vingt-trois ans plus tôt grâce à un prêt de 50 000 francs. Mais je cherchais de nouveaux rêves. Si Alya, 10 ans, la plus jeune de mes filles, m'a connu comme président du RCT, les deux autres (Roselaine, 21 ans, et Aziza, 26 ans) ont été plus affectées que je ne l'imaginais par l'arrêt de ma carrière d'éditeur. Ma seconde l'a même mal vécu. Je me suis rendu compte à quel point Soleil était important dans leur histoire. Elles lisaient les BD, rencontraient les auteurs, ont grandi avec eux. Pour elles, que je me faisais un point d'honneur d'accompagner chaque jour à l'école, un père qui fait des livres était magique. Je ne l'ai pas perçu, elles en ont pleuré. Une partie de leur enfance s'envolait. L'une de mes filles m'a affirmé le plus sérieusement du monde : « Quand je serai grande, je rachèterai Soleil ! »

Mon épouse aussi éprouve la nostalgie de la BD. Avec Linda, nous sommes mariés depuis vingt-trois ans. Nos femmes ont une capacité exceptionnelle : elles sont celles qui nous motivent le plus tout en étant celles qui nous énervent le plus, parfois les deux en même temps ! Elle s'occupe des produits dérivés du RCT. Comme les autres, elle ne travaille pas avec moi, mais pour moi. Je suis un individualiste. Lorsqu'elle m'accompagne en déplacements pour les matchs, c'est l'occasion de se faire des Michelin, surtout lorsque le club figurait en Pro D2 !

Linda préférait le Mourad éditeur. C'est un métier plus difficile que président de rugby. Pour l'un, il faut savoir lire, l'autre savoir compter ! Je continue d'aimer l'objet livre, même s'il est quelque peu en voie de disparition. Le livre est devenu un peu poussiéreux et nos gamins n'ont pas la même fascination envers lui. Mais j'ai quelques idées pour y remédier.

Je reviendrai dans l'édition, une fois ce gros break effectué. J'ignore la façon dont cela se produira mais j'y retournerai, sur un mode plus souple : je voulais devenir éditeur pour faire des livres et, à la fin, chez Soleil, je gérais surtout du personnel, des comptes en banque et des colonnes dans un bilan. Ce n'était pas mon rêve de gamin que de faire ça, sans parler de la gestion des problèmes du personnel et des auteurs. Je pensais que j'avais embauché des gens, je ne savais pas que je les avais adoptés !

7

Mohamed Gallimard

C'est l'un de mes livres de chevet. J'ai été marqué par l'imposante biographie consacrée à Gaston Gallimard, qui a fondé en 1911 la maison qui porte son nom, celle qui a fêté son centenaire et s'enorgueillit de posséder dans son inventaire 36 prix Goncourt et 38 écrivains distingués du prix Nobel de littérature. Il est l'un de mes héros, une incarnation de la culture française et une trajectoire singulière. La couverture blanche de la NRF avec son liseré rouge, la Pléiade, la collection Folio ou la Série Noire : il est parvenu à placer très haut le niveau de lecture. Aussi peu d'erreurs dans le choix des auteurs et des livres, c'est rare. Il s'agit d'une marque qui ne trompe pas.

Comme l'écrit Pierre Assouline dans son ouvrage : « Il fut certainement le seul, au soir de sa vie, à pouvoir se permettre de feuilleter l'épais catalogue de sa maison d'édition en se disant : la littérature française, c'est moi[1]. » Un jour que je m'étais disputé sévèrement avec ma femme, elle avait pénétré dans mon bureau et m'avait jeté sa biographie au visage en lâchant : « Quand tu ressembleras au quart de ça, alors tu pourras parler ! »

Lorsqu'on observe mon existence et celle d'Antoine Gallimard, son petit-fils, qui a repris la maison, il existait peu

1. *Gaston Gallimard, un demi-siècle d'édition*, Balland, 1984, Folio, 2006.

de chances que l'on se croise un jour. Nous n'étions pas programmés pour cela. Pourtant, comme dans le dernier film d'Alfred Hitchcock, *Complot de famille*, une intrigue originale et loufoque où des familles différentes s'effleurent sans se rencontrer jusqu'à un accident de voiture, nous avons fini par nous rejoindre. Si un auteur avait écrit le scénario, en dressant nos histoires respectives en parallèle, il devait bien se demander où aurait lieu l'intersection. Ah, quand j'ai vu mon nom à côté du sien...

L'histoire d'Antoine est belle également. C'est un héritier atypique. Quand son père Claude lui a confié le groupe d'édition en 1988 à l'âge de 40 ans, après que son frère aîné avait quitté l'aventure avec fracas, il n'était pas destiné à un tel poste[1]. Mais, à force de courage, de travail et de détermination, il a patiemment redressé la maison en péril et permis en plus de reprendre l'essentiel des parts du capital de l'entreprise familiale.

Ce n'est pas seulement un « fils de ». Il possède un vrai talent, il est le deuxième créateur de la maison. Il a un nom lourd à porter mais le mec est pétri d'humilité. Quand tu aperçois le PDG de Gallimard dans la rue ou au guidon de son scooter, tu peux croire qu'il part faire les trois-huit. En 2005, Soleil s'est associé à lui pour relancer le prestigieux label Futuropolis, considéré justement comme le Gallimard de la BD ! À 15 ans, j'avais quitté l'appartement parisien de mon oncle pour une escapade en taxi du côté de la librairie Futuropolis, pour quelques achats. Créé par Étienne Robial en 1972, « Futuro » avait été racheté par Gallimard vingt-deux ans plus tard mais était en sommeil.

1. « Il a été lâché par sa famille, ridiculisé par la presse, quitté par certains des auteurs et la maison prise d'assaut par les concurrents », s'est souvenu l'écrivain Daniel Pennac dans *L'Express*, décembre 2010.

L'annonce du tandem avec Soleil, lors du 32e festival d'Angoulême, avait fait sensation. Lorsque nous avons signé l'accord, Antoine m'a adressé une belle carte de vœux, écrite à la main, et qui commençait par « Cher associé ». Il se félicitait de ce nouveau départ de Futuropolis, auquel il souhaitait plein de succès, et se réjouissait de notre rencontre. Cette coopération me rendait particulièrement fier. Jusque-là, j'avais vécu la saga Gallimard dans mon imaginaire. Cette fois, c'était en vrai.

Il m'avait fait quelques confidences un soir où nous avions bien bu, me confiant que son oncle, Michel, n'était pas censé se trouver avec Albert Camus quand la Facel-Vega de celui-ci, le 4 janvier 1960, avait quitté la route et percuté un arbre avant d'atterrir dans un second, tuant ses deux occupants. Du coup, c'est son père, Claude, qui avait repris les éditions. J'adorais l'écouter parler, me raconter des événements que j'avais découverts dans des livres. Jusqu'à présent, je pensais qu'Albert Camus n'existait pas en vrai. À l'école, on nous enseigne la légende. Face à moi, j'avais la légende...

Antoine Gallimard est entouré d'une cour. J'étais l'un des rares à lui parler de façon normale, ce qu'il a bien aimé. Je crois que je le faisais marrer. Nous entretenions une relation de confiance. C'est un homme respectable, puissant, qui porte un nom synonyme de patrimoine national. Lorsque j'ai vendu Soleil en 2011, il a refusé d'être associé avec mon repreneur. Gallimard a repris Futuropolis à 100 %. Promis, je ne garde aucun article parmi ceux qui m'ont été consacrés : ce qui est passé ne m'intéresse pas, à la différence de ce qu'il reste à vivre.

Il existe toutefois une exception, à savoir un article paru en janvier 2006 dans *Le Figaro littéraire*, encadré dans mon bureau. Sur la photo, je portais un costume-cravate – ma tenue habituelle d'éditeur, j'avais à la maison un nombre incalculable de cravates et une centaine de costumes, sans doute pour conforter le cliché du patron ; maintenant je n'en ai plus besoin – et figurais tout sourires à côté d'Antoine. Le titre : « Futuropolis : le mariage réussi de la carpe et du lapin ». Le sous-titre plantait le décor : « Qui l'aurait imaginé ? Antoine Gallimard, patron de la prestigieuse maison qui porte son nom, et Mourad Boudjellal, fils d'immigrés, éditeur de bandes dessinées populaires, ont uni leurs talents ».

Conscient des réactions d'indignation suscitées par notre union, Antoine insistait sur notre volonté de réveiller la belle endormie, martelant que Futuropolis devait « rester une zone de liberté totale, un magnifique terrain de jeu pour les auteurs de BD. Là-dessus, Mourad et moi sommes sur la même longueur d'onde. En fait, je le remercie de me donner la chance de redevenir un jeune éditeur ! »

Mon milieu avait donné de moi l'image d'un éditeur populaire, qui faisait des bandes dessinées gnangnan. Quand nous avons repris Futuropolis, beaucoup pensaient que Soleil allait dénaturer cette marque mythique. Tout juste, au début, si on ne disait pas qu'on avait confié le nouveau *Star Wars* à Max Pécas[1], susurrant que l'éditeur le plus commercial et méprisable avait repris le catalogue le plus intello ! Ce n'était juste pas possible. À l'arrivée, nous avons été fidèles et avons commis peu d'erreurs, fonctionnant avec une structure très légère. Le directeur éditorial, transfuge de Dupuis, et le graphiste ont constitué de bons choix. Ils ont travaillé dans le respect le plus total de ce qu'Étienne Robial avait mis en place.

1. Considéré comme le roi du nanar, il est notamment le scénariste, le producteur et le réalisateur de nombreuses comédies : *On se calme et on boit frais à Saint-Tropez*, *Marche pas sur mes lacets* ou encore *On n'est pas sorti de l'auberge*...

Nous avons été en avance sur le business plan et nous avons rapidement vendu 400 000 BD par an, composées de 50 nouveautés et des œuvres d'auteurs reconnus. Parmi eux, mon frère Farid, que nous avons réédité. Petit à petit, j'ai réussi à me débarrasser de cette étiquette qui me collait autant que le sparadrap du capitaine Haddock. L'intelligence de Gallimard a été de comprendre que ma réputation était usurpée. Celle-ci a changé et Futuropolis s'est de nouveau transformé en machine à Oscars.

La même année, en 2005, je me suis aussi associé avec TF1 pour le lancement de TF1 BD. J'adorais ce grand saut culturel, pouvoir passer dans la même journée de l'adaptation de Jean-Patrick Manchette par Jacques Tardi à la Star Ac'. Je suis éclectique. En musique, par exemple, je peux écouter un morceau grand public, car lié à un souvenir, et un autre beaucoup plus pointu. Cela ne me dérange pas de passer de Pascal Obispo à BB King : tout dépend de l'humeur, de si je suis en train de faire un footing ou de déguster un bon vin.

Dans mon bureau au RCT, outre l'article sur Antoine Gallimard et moi, une photo sous cadre de Mohamed Ali, dédicacée au dos. Sur le cliché, vêtu d'un peignoir blanc et le regard espiègle mais déterminé, il pose ses poings sous le menton. Je l'avais achetée dans une boutique à Las Vegas. J'avais refusé de l'enregistrer avec mes bagages à l'aéroport, je ne voulais pas m'en séparer et la photo, emballée sous papier kraft, m'a accompagné jusqu'à Marseille. À l'arrivée, la signature avait disparu. Il restait heureusement le certificat d'authenticité.

Je suis un fou d'Ali, il fait partie de ma vie. Celui qui s'est autoproclamé *The Greatest*, le plus grand boxeur de tous les temps, représente des tas de choses à mes yeux. Il incarne comme moi une minorité, celle des Noirs américains, qui réussissait et revendiquait ses origines. Ali a une légende, une histoire, un destin à part. S'il était entré en religion, il serait un saint. J'ai rencontré des journalistes qui ont couvert son combat mythique contre George Foreman en octobre 1974 à Kinshasa : ce *rumble in the jungle* était surréaliste.

Ali est la seule personne devant laquelle je pourrais quasiment me mettre à genoux. Je le vénère, je l'adule. J'adore l'homme, celui qui est devenu objecteur de conscience et a refusé de servir l'armée de son pays pour livrer la guerre au Vietnam, celui qui a changé son nom originel de Cassius Clay et s'est converti à l'islam pour d'abord, selon moi, affirmer sa négritude africaine descendant d'esclaves, celui qui était si beau. J'adore aussi le sportif, un boxeur exceptionnel, trois fois champion du monde avec 37 victoires par K-O, avec un style flamboyant, un jeu de jambes fabuleux, une façon de conserver la garde basse. Et puis, en communication et en goût du spectacle, il assurait ! Partout où je vais, j'ai sur moi quelque chose d'Ali, qu'il s'agisse d'un tee-shirt ou d'une photo. J'ai acheté les droits d'adaptation de sa vie en bande dessinée pour 40 000 dollars. Mais je ne l'ai jamais fait, le temps m'a manqué.

Je n'ai jamais eu le bonheur de rencontrer Mohamed Ali. Mike Tyson, autre icône de la boxe, si. J'ai même gardé le cliché. C'était il y une dizaine d'années, à Miami, au bar de l'hôtel Delano, l'établissement de Madonna dessiné par Philippe Starck, qui donne sur l'océan. À cette période de ma vie, j'y allais deux-trois fois par an, c'était mon truc. Je me sentais bien dans cet endroit Arts déco qui a une âme. Je partais en famille et, au bord de la piscine, avec quelques coupes de champagne, je me foutais du temps qui passe, j'oubliais mes problèmes existentiels, comme une espèce d'anesthésie. Je rentrais dans tous les clichés du riche. J'ai dû vaincre ma peur de l'avion pour aller là-bas. Mais passer un mois en Floride était ma récompense.

Le bar du Delano est un endroit particulier, recouvert de voile blanc. C'est le défilé, les places assises sont chères et il faut patienter. Le monde entier s'y arrête et j'adorais passer des nuits à observer les gens, leur tenue, leur façon de rire, de tenir leur verre. Chacun gère sa frime comme il l'entend. Et un jour je tombe sur Mike Tyson, surpris de croiser un Arabe dans un tel lieu. Il m'a demandé si j'étais musulman. Nous avons partagé un café et échangé un bon quart d'heure. J'avais le sentiment d'avoir devant moi Hannibal Lecter du *Silence des agneaux*, mais avec une toute petite voix. Il émanait de lui une telle puissance, on sentait l'animal qui dormait en lui. J'ai dû aller une quinzaine de fois à Miami, avec ma femme et mes filles, ou avec des amis. J'ai emmené des auteurs et même Bernard Lavilliers. J'y ai passé des réveillons : j'appréciais de finir l'année en Floride.

Malgré leurs défauts, les États-Unis forment un pays fascinant, dont je loue la faculté à intégrer les différences ethniques et à les regrouper sous la notion d'Américain. En France, nous n'y arrivons pas.

Il existe là-bas des communautés qui ne parlent pas anglais mais le peuple se sent viscéralement américain, et fier de l'être, avec le drapeau déroulé sur le balcon. En moins de quarante-cinq ans, les États-Unis sont tout de même passés de Rosa Parks – la couturière qui avait refusé de céder sa place à un passager blanc dans l'autobus et devenue le symbole de la lutte contre la ségrégation raciale – à Barack Obama, premier président noir de la nation. Ce pays est un accélérateur d'histoire et on y porte moins de jugements qu'ailleurs.

Un soir où je dînais au Beverly Hills Hotel à Los Angeles, avec George Lucas pas loin, que ma femme avait décidé d'aller se coucher, j'ai décidé de sortir seul, ce que je ne fais pas souvent. J'ai peur de tout et je ne sais pas trop me battre mais je cours vite... J'avais un peu bu et j'ai enchaîné en voiture, un par un, les quartiers les plus chauds de L.A. J'adore voir les bas-fonds d'une ville et, là, j'ai contemplé des endroits vraiment dépravés. Plus ça devenait gore, plus je m'amusais. Ceux que je croisais en fâcheuse posture m'affirmaient qu'ils étaient dans cette situation pour un laps de temps court, qu'ils avaient un projet au cinéma. Même le clochard faisait la manche en attendant de tourner ! Cette ville, ce pays veut ça. J'ai été nourri au rêve américain.

Certes, depuis le 11-Septembre 2001, je me fais désormais fouiller, quand bien même je voyage en *business*. L'événement a creusé un fossé. Il doit être dur, à l'école, d'être un enfant issu de l'immigration. L'Arabe est devenu l'Allemand d'avant la fin de la guerre, le nazi. Je ne vais surtout pas justifier l'injustifiable, mais tant que le monde se partage entre des gens dont le problème est de ne pas grossir et d'autres pour lesquels il est de manger à sa faim, forcément des choses terribles surviendront. La planète est violentée.

Le 11 septembre, je devais présenter une nouvelle bande dessinée aux représentants. Je patientais et j'entendais la discussion dans le bureau d'à côté : je pensais qu'ils racontaient l'histoire d'une BD et elle ne me paraissait pas crédible ! Après l'effondrement des deux tours du World Trade Center, j'étais convaincu que la guerre allait éclater.

Le soir, avec mon meilleur ami, je suis allé au Vin sur Vin, dans le VIIe arrondissement de Paris, une étoile au guide Michelin. Patrice Vidal, le patron auvergnat, est un œnologue exceptionnel, un passionné qui ne sert son vin qu'aux gens qu'il apprécie et possède en cave 40 000 bouteilles. Au moins, on s'était dit qu'en cas de conflit, nous ne mourrions pas de soif ! Cette soirée était festive et chaleureuse. Néanmoins, en cas de guerre entre le monde arabe et l'occidental, je me posais la question de savoir dans quel camp je serais... À la réflexion, je pense que je me trouverais dans celui du déserteur !

8

De Wilkinson à Laporte

J'étais toujours à la recherche de ma star, de mon numéro 10. L'idée qui me trottait dans la tête était ambitieuse et, aux yeux de certains, risquée : Jonny Wilkinson. Un nom de rêve. En 2003, quand il a permis à l'Angleterre d'être championne du monde, il y avait du Michael Jackson en lui. Quand on voyait le chanteur sur scène, on n'avait pas l'impression de regarder un être humain mais un extraterrestre. Il en allait de même pour Jonny. J'avais l'impression qu'il n'existait qu'à la télévision, pas en vrai. Wilkinson, joueur génial et héroïque, anobli par la reine. Ses blessures à répétition, en revanche, pouvaient susciter des craintes.

Quand j'ai su par une indiscrétion d'un agent qu'il était sur le point de quitter Newcastle, j'ai foncé. L'Aviron Bayonnais, alors en vogue, était sur le coup et avait une longueur d'avance. Philippe Saint-André, qui allait devenir vice-président délégué en charge du sportif, préférait Felipe Contepomi. Ce dossier était à moi, comme l'année d'avant celui du All Black Daniel Carter, pour qui Tana Umaga n'était pas très chaud. C'est là que j'ai inventé un système où l'entraîneur choisit son effectif, dans la mesure de nos moyens, mais au sein duquel je m'octroie le droit à deux joueurs. Le choix du président ! Et je voulais absolument Wilko.

Mars 2009. Il n'avait pas joué en compétition officielle

depuis septembre 2008. Épaules, cervicales, biceps, genoux, cuisse, cheville, adducteurs, reins et même appendicite : depuis six ans, le demi d'ouverture de 29 ans cumulait les jours, les semaines et même les mois d'indisponibilité. Un véritable homme de verre. Pour pas mal d'observateurs, la star avait mué en intermittent du spectacle. Cela ne me faisait pas peur.

Je l'avais vu, de retour de blessure, soulager une Angleterre en souffrance, auteur d'un match énorme. Il avait été tellement bon que l'arbitre lui avait accordé un essai non valable, qu'il méritait malgré tout, pour l'ensemble de son œuvre. Même après un pépin physique, il s'avérait capable de retrouver son niveau, ce qui n'est pas fréquent.

Grâce à son agent français, Laurent Quaglia, avec qui je travaille en confiance, Phil Wilkinson, le papa du joueur, a accepté de venir à Toulon. C'était davantage par correction, car il était proche de Bayonne, dont il avait rencontré les dirigeants la veille, sous la pluie. Mais il fallait tenter le coup. Le père, détendu, a visité Mayol, s'est promené sur la pelouse. Le temps était radieux. Puis on l'a emmené déjeuner, empruntant non pas l'autoroute mais privilégiant la côte, les plages, la Corniche, jusqu'à se garer à Carqueiranne. Il en a profité pour prendre quelques photos, nous interroger sur la région, les ambitions sportives, les autres recrues. Autre atout : Philippe Saint-André, pas encore aux commandes ni physiquement présent, lui a passé un coup de téléphone. Il était excellent dans la séduction. Je sentais que le père était en train de fléchir, qu'il discernait un véritable projet et une compétence sportive. Pour achever de le convaincre, il fallait que Jonny assiste à un match à Mayol. Au pire, si l'affaire ne se réalisait pas, j'aurais au moins emmené la star dans notre stade !

Une dizaine de jours plus tard, le RCT recevait Perpignan. Wilkinson était venu passer le week-end avec sa compagne. Nous lui avons réservé une chambre au Novotel de l'aéroport de Nice sous le nom de sa fiancée. Je suis allé les chercher le samedi matin. En le saluant, j'ai testé son français, je lui ai parlé de l'effectif et lui ai indiqué tous les transferts que l'on allait réaliser. Je rajoutais un ou deux noms, pour me faire mousser et le mettre en confiance. J'ai même tenté une petite vanne en lui expliquant qu'on n'aurait pas besoin d'un numéro 10 supplémentaire, puisque Jonny Wilkinson ne se blessait jamais ! Ouf, il a souri...

Nous étions en mars et la météo était exceptionnelle. Je les ai emmenés à Toulon par l'autoroute et j'ai bifurqué à Hyères afin de passer encore par le bord de mer, où il pourrait habiter. Coup de chance et nouveau clin d'œil : dans la ville débutait une campagne d'affichage vantant l'ouverture d'une prochaine ligne aérienne entre Toulon et Bristol, la ville de sa compagne ! J'avais réservé le restaurant Le Lido, sur la plage du Mourillon, les pieds dans l'eau. Au menu, saumon, loup grillé et filet d'huile d'olive locale. Son père a attaqué le rosé, dont je sentais déjà les effets bénéfiques. L'agent était là aussi. Nous tenions à être discrets mais sa présence commençait à filtrer. Lorsque je suis arrivé à Mayol, le match démarrant à 14 h 30, j'ai observé davantage de photographes que d'habitude. L'effervescence était palpable. Tous les appareils étaient braqués vers la tribune d'où il pourrait suivre le match.

À dix minutes du coup d'envoi, j'étais dehors, je guettais sa voiture. Il est arrivé dans le 4 × 4 du directeur général, la tête recouverte d'une capuche alors que le soleil brillait. Devant la foule qui s'agglutinait et réagissait, je le sentais choqué, crispé, lui qui voulait venir incognito. Il est rentré finalement dans le couloir et le vestiaire. Il a sans doute éprouvé le sentiment qu'on lui forçait la main. Du coup, il s'est éclipsé assez vite de Mayol, en plein match. Cela me perturbait, je pensais que c'était fini. J'ai bien conscience que l'on apprend plus de ses échecs que de ses succès, et que l'on sait pourquoi on a raté un transfert, et non pourquoi on l'a réussi. Mais je ne voulais pas que ça se termine comme avec Carter.

Plus tard dans l'après-midi, Jonny Wilkinson a été vu en train de boire un thé sur le port, en toute quiétude. J'ai compris plus tard : à Mayol, il était gêné vis-à-vis des autres joueurs d'attirer tous les regards, gêné de prendre la lumière et peut-être, très vite, de chiper la place de quelqu'un. Il est particulièrement respectueux des gens et des valeurs. L'agent m'a rassuré en me précisant que la balance penchait en faveur de Toulon. Philippe Saint-André lui a parlé longuement au téléphone. Évidemment, si nous souhaitions qu'il signe, nous devions d'abord nous maintenir en Top 14, ce qui n'était pas acquis.

Quelques semaines plus tard, déplacement à Dax. Ce 8 mai, si nous l'emportions, nous étions sauvés. Et une défaite ne nous condamnait pas. À 19 h 40, après presque deux mois de négociation, de réflexion et des centaines de mails échangés avec les avocats, Jonny donnait son accord. Un signe fort. Puis, plus tard dans la soirée, l'opération maintien était réussie. Par pudeur, j'avais demandé aux gars de ne pas trop verser dans l'euphorie car nous venions d'envoyer Dax en Pro D2.

Dans la même journée, Wilkinson disait oui et le RCT était sauvé. J'avais l'impression que, pour la première fois, la motivation était revenue. Je n'avais plus envie de quitter le club. Je le sentais. J'avais le sentiment d'avoir une mission, celle de changer le destin du RCT, de lui offrir le titre de champion de France. L'équipe terminera la saison suivante invaincue à

Mayol et deuxième de la phase régulière, une sacrée performance. Elle sera malheureusement éliminée en demi-finales par Clermont après prolongations et sans l'arbitrage vidéo.

Jonny nous a immédiatement tirés vers le haut. Sa signature est peut-être mon plus beau coup car le plus improbable. Personne n'aurait misé sur un tel retour en grâce. Au début, je devais presque m'excuser, tant on le croyait perdu pour le rugby ; cela a presque annihilé la beauté de ce transfert. Les grands joueurs ne meurent jamais, leur talent ne s'envole pas comme ça. Je ne me suis pas trompé en suivant mon intuition. Jonny, qui fait partie du patrimoine de la Grande-Bretagne, connaît parfaitement son corps, il a pris le temps de l'écouter pour mieux revenir. Il a vite détrompé ceux persuadés qu'il débarquait en préretraite, uniquement pour signer des maillots.

À l'occasion de son premier match, en amical contre Brive, les 8 000 spectateurs attendaient la première pénalité de Sir Jonny. C'est une star, un garçon intelligent, à qui on ne tape pas sur l'épaule. Il pense que l'on n'est jamais déçu par le travail et le montre, tant il met d'ardeur à l'entraînement. Il ne sera jamais dans l'excès méditerranéen mais il est toulonnais ! Dans un groupe, il ne sortira pas de conneries mais il n'est pas le dernier à rigoler.

Par sa sensibilité, sa façon de penser et sa philosophie, il est le joueur qui se rapproche le plus d'un auteur. Par ailleurs, il respecte la hiérarchie. Je me souviens qu'une fois j'avais indiqué que je ne voulais pas qu'il parte en stage avec l'Angleterre. J'avais trouvé un garçon terrorisé, comme s'il avait peur que je l'engueule. Pour lui, le président a l'autorité.

Je ne compte pas le nombre de matchs où il m'a bluffé. Comme son premier brassard de capitaine, marqué par une victoire au Racing, où le RCT avait résisté au siège des Parisiens les cinq dernières minutes grâce à une défense héroïque. Dans son discours d'après-match, il avait souligné : « La prochaine fois que ce sera aussi dur, il faudra se rappeler combien c'est bon maintenant, cela nous donnera la force de nous battre encore plus pour revivre de tels moments. » Les mots étaient parfaitement choisis.

Jonny jouait à l'ouverture, il était en concurrence avec Felipe Contepomi. Le capitaine de l'Argentine est parti deux ans plus tard au Stade Français et en avait profité pour m'égratigner dans une interview[1]. Il a pris un gros chèque pour partir et m'a demandé d'être caution personnelle concernant son paiement, étalé sur deux ans. Parfois, donc, il aimait bien son président ! Il était convaincu que c'est moi qui faisais l'équipe alors que ce n'était pas vrai. Jonny était programmé pour être blessé toute l'année, ce qui n'a pas été le cas. Or Philippe Saint-André n'a jamais réussi à les faire jouer ensemble. J'avais bien imaginé un système où en phase d'attaque Contepomi jouait en 10, et Wilkinson à la même place quand on défendait.

Lors d'une victoire à Perpignan, le Puma avait livré un match remarquable en 10. J'avais demandé à lui parler et là il m'avait expliqué en gros que Philippe n'était pas bon car tout le schéma de jeu n'était pas construit autour de lui. Je l'avais estimé injuste, car Philippe avait insisté pour le faire venir et il l'allumait. Contepomi peut me dire merci pour les voyages en classe affaires qu'il effectuait entre l'Argentine et Toulon, nounou comprise.

Il a aussi démoli une voiture en sortant de boîte dans un drôle d'état. Vu ce qu'il faisait de ses soirées, si j'avais été un salaud, j'aurais pu faire sauter ses indemnités et le virer. Cela

1. Au moment de son transfert au Stade Français, il avait dit à ESPN Deportes que Toulon était un « club instable à cause de l'attitude de son président ».

m'aurait coûté moins cher. Il effectue de belles saisons au Stade Français : tant mieux, c'est un beau joueur. Il a besoin de briller, d'avoir la vedette. À Toulon, et ce n'était pas prévu dans son planning, il a surtout pris des photos de Wilkinson avec les supporters, à la demande de ces derniers.

Lors de la seconde saison de Saint-André, le RCT s'était bien renforcé avec notamment le troisième-ligne et ancien capitaine australien George Smith, Paul Sackey, Dan Schofield, Rudi Wulf, Carl Hayman et Geoffroy Messina. Mais le club a terminé huitième au classement général, et donc été privé de phases finales, mais a atteint les quarts de finale de la H Cup, la première de notre histoire. Dans cette belle aventure, nous avons éliminé le Munster, les Ospreys et les London Irish avant de chuter de peu face à Perpignan au Stade Olympique de Montjuic, à Barcelone. À travers notre parcours moyen en championnat, j'ai pu mesurer que rien n'était acquis. L'année d'avant, suite à notre défaite en demi-finales, de façon douloureuse, je pensais avoir résolu certains problèmes. Mais ce n'était pas aussi simple.

J'ai beaucoup appris lors de la raclée à Montpellier. Pour la 26e et dernière journée de Top 14, l'équipe de Galthié, au stade Yves-du-Manoir, nous avait battus 27 à 3, prenant la sixième et ultime place qualificative. Qu'ils aillent en finale ne m'a pas consolé. Je suis parti vingt minutes avant la fin du match, écoutant à la radio leur troisième essai, inscrit par François Trinh-Duc. Cela m'arrive de quitter l'enceinte avant le coup de sifflet final. Je savais la rencontre perdue et je voulais dormir chez moi, voir mes enfants. Je suis passé par Sète et la tombe de Georges Brassens. J'ai pris le temps de la réflexion. J'avais opéré un gros recrutement et nous étions écartés des barrages, moi qui avais rêvé d'une demi-finale à Marseille, au Vélodrome. Adieu aussi la Coupe d'Europe. Je perdais beaucoup d'argent, je devais remettre au pot pour la première fois depuis ma prise de pouvoir. Je me demandais si j'avais abîmé l'avenir de mes enfants car je suis un entrepreneur, je gère le club comme une entreprise, avec les risques que cela comporte. J'ignorais si j'allais retrouver assez d'énergie pour repartir.

Mais dans la voiture, j'ai décidé de continuer à augmenter le budget. Si tu freines, tu recules, tu es un lâche car tous les autres avancent. Philippe Saint-André était encore sous contrat, donc je m'étais abstenu de remettre les choses en question. Puis, je m'étais promis d'être davantage présent. Je portais cette défaite. J'éprouvais la double peine : la douleur morale et financière. Cette défaite à Montpellier m'a fait toucher du doigt ce que je risquais. J'étais tiraillé entre le rugby et la BD. Plutôt que de faire deux trucs moyens, autant en faire un seul, mais immense. Et comme je suis à la recherche d'énergies nouvelles, j'ai opté pour le rugby, façon aussi de rester jeune.

Si Toulon devient champion de France, Philippe Saint-André aura sa part. Il a plein de défauts mais l'ensemble de ses défauts se transforme en qualités, lui qui en possède déjà beaucoup. Il ne rechigne pas au boulot, ce n'est pas un glandeur. Chez nous, il a bossé dur, même s'il avait ses affaires à côté. Il aime profondément le rugby, a une méthodologie à l'anglaise, pays où il a longtemps entraîné, entre Gloucester et Sale. Il a ses méthodes, qu'il applique systématiquement.

Ce n'est pas un créatif hallucinant mais il possède beaucoup de rigueur, qu'il s'applique à lui-même. Il y a du Tana Umaga en lui, dans le sens où il n'aime pas le conflit. S'il peut l'éviter, il le fait. Il a besoin que les joueurs l'aiment, que le vestiaire soit avec lui. Au sein de ses équipes, il se repose sur des garde-fous, par exemple au RCT sur l'Argentin Juan Martin Fernandez Lobbe, qu'il a eu sous ses ordres à Sale. Je pense qu'il fonctionne ainsi également en équipe de France. C'est simple : Philippe ne peut pas supporter que l'on pense du mal de lui. Humainement, il ne se fait pas d'ennemis, il est dans cette logique. En clair, il est mon contraire !

Il est très sociable et s'intéresse aux gens. J'ai pu le vérifier : dès qu'on allait quelque part, il connaissait du monde. En revanche, comme moi, il vomit la défaite. Philippe est vraiment chaleureux dans le privé. Même s'il n'est pas d'une culture générale bluffante, bien qu'il soit surprenant par ses formules et des expressions parfois très inventives, passer une soirée en sa compagnie est très agréable. Sauf qu'il convient de vérifier que l'on a de l'argent sur soi quand on va boire des coups avec lui : il a souvent tendance à oublier son porte-monnaie. Il doit être distrait !

De ce trait de caractère, on avait fini par s'amuser. Comme la fois au Munster où, à l'occasion d'un match de Coupe d'Europe, alors que nous étions quatre ou cinq au bar de l'hôtel, il avait lâché : « C'est bon, le café, c'est pour moi. » Il y a eu un grand silence, puis on s'est tous regardés avant d'éclater de rire. Souvent, on jouait de cet aspect en disant que la tournée était payée par Philippe, lequel allait voir le barman pour dire que ce n'était pas vrai.

Le jour de ses adieux à Toulon, il a annoncé à la presse avant le match : « Je vais faire un truc qui n'est pas dans mes habitudes, ce soir je vais boire des bières avec les joueurs. » Nous étions alors en froid. Pendant la rencontre, j'ai reçu un texto de Tom Whitford, notre directeur sportif : Philippe voulait savoir si j'étais d'accord pour payer le pot. J'ai dit oui, ça m'a coûté 780 euros !

Son rapport à l'argent ne doit pas faire oublier qu'il est très doué pour les affaires. Si vous voulez construire une maison, confiez-lui votre budget, il fera en sorte que vous payiez les choses au juste prix avec tous les corps de métier. Très tôt, il a créé des entreprises[1]. Un jour, toutefois, je lui ai écrit en lui reprochant de monter un restaurant alors qu'il était président délégué au sportif de Toulon. Il m'a répondu qu'il le faisait sur son temps de repos. Je lui ai précisé que j'aurais voulu justement que, durant ses temps de repos, il se repose et se donne à 100 % au club. J'étais en colère car j'estime qu'à un certain niveau de salaire, on doit se consacrer entièrement à son métier. Cela n'atténue en rien ses qualités d'entraîneur.

Le 25 août 2011, alors que la Coupe du monde s'apprêtait à démarrer en Nouvelle-Zélande, la Fédération française a officialisé ce qui était un secret de polichinelle : la nomination de Philippe Saint-André, 44 ans, au poste de sélectionneur du XV de France à partir du 1er décembre, pour succéder à Marc Lièvremont.

La saison de Top 14 avait tout juste démarré. Autant dire que, si j'étais fier qu'à travers lui le RCT soit ainsi récompensé, je n'étais pas un homme heureux. Cela s'est vu lors de la conférence organisée au club fin août, avec Philippe, Pierre Camou, le président de la Fédération française, et moi. L'ambiance était tendue, le climat lourd. On me prenait mon entraîneur et il fallait que je sourie ! La FFR avait décidé que mon salaire serait cette conférence. Alors je faisais la gueule, car je ne suis pas adepte du triolisme ! Je voulais que la Fédération soit mise face à ses contradictions.

1. Dès 1990, il a créé à Valence deux sociétés destinées à la promotion et la gestion immobilières. La même année, il lance la marque Studélites, nouveau concept d'hébergement pour étudiants, qui deviendra leader Rhône-Alpes de son marché. Il possède aussi des hôtels, des complexes immobiliers et des restaurants.

C'est alors que je suis entré en conflit avec Philippe. Il n'a pas compris que c'était la seule solution pour m'en sortir. La période pour le remplacer était compliquée car le Mondial allait commencer. Côté terrain, lors de la deuxième journée, le RCT s'était incliné à domicile contre les juniors de Clermont (0-17). Il fallait tenir l'équipe, la ressouder, conserver l'engouement du public. Ma stratégie était simple : j'ai expliqué que Philippe avait lâché, qu'il n'avait plus la tête à l'équipe, que son message ne passait plus. J'ai insisté sur l'éternel complot antitoulonnais, sur le mode « une fois de plus, le monde extérieur nous en veut ». Je sentais que les supporters feraient corps si je jouais les victimes. Tant pis si je tapais sur Philippe, et après tout il était payé pour ça, il convenait de défendre le club et son économie. Il a mal vécu ce qui constituait ma contre-attaque. J'avais besoin que tout le monde soit sous pression jusqu'à ce que je trouve l'entraîneur idéal pour le remplacer.

Remonté, j'ai fait part de mon intention d'attaquer la FFR.

En conférence, j'avais dit : « Pourquoi paierais-je le fait que la Fédération est venue me "foutre le Bronx" dans mon club ? Si demain, à cause de toutes ces turbulences, je joue le maintien, si mon taux de remplissage du stade n'est pas celui que j'ai budgétisé et si je ne joue pas la H Cup, j'irai voir des magistrats et des experts pour estimer le préjudice que je réclamerai. » La FFR, en me subtilisant mon salarié, agissait comme si le droit et les lois n'existaient pas. J'étais mis devant le fait accompli, pris en otage, piégé. J'estimais avoir raison de râler et je réclamais de l'argent à une institution qui n'avait pas l'intention de sortir un centime. Qui était Pierre Camou, son président, pour me prendre mon entraîneur et me dire en substance : « Je suis au-dessus de toi et au-dessus des lois, ton contrat ne vaut rien » ? Camou est un homme cultivé et pas antipathique. Mais la FFR se comportait comme une monarchie. Dans ma vie de tous les jours, Camou, c'est personne. La Fédération n'est pas ma supérieure, même si elle veut constamment établir une hiérarchie. Ils vivent dans un micromonde, celui de l'Ovalie. Ce sont des geeks du rugby, persuadés que l'univers s'arrête au rugby. Je n'entre pas dans cette logique de pouvoir absolu. Ce président élu n'a pas la moindre autorité sur moi.

Philippe Saint-André ne comprenait pas un truc : j'adore jouer. Évidemment que j'allais le laisser partir. Dans les situations tendues, je trouve amusant de désamorcer le climat par de l'humour. Dans le théâtre de la vie, nous sommes là pour nous amuser, interprétant dans la même journée différents rôles, celui de père de famille, de président du RCT, etc. Pour pousser le bouchon plus loin, j'ai plaisanté sur le côté radin de Philippe.

Je l'ai convoqué très sérieusement dans mon bureau. Dans son contrat, la clause de départ était fixée à 700 000 euros, que je lui devais si je le licenciais. Et il n'y avait pas de clause équipe de France. Je l'ai accueilli dans un costume impeccable. J'ai récité mon texte en lui glissant sur un ton empreint de solennité : « Pour les Bleus, c'est OK, il n'y a pas de problème. J'ai fait mes comptes. Si je t'avais viré, cela m'aurait coûté 1,1 million d'euros. Comme nous sommes amis, je t'arrondis la somme à 1 million et on n'en parle plus. »

En face de moi, un gamin. Il n'a pas du tout perçu que je rigolais. Dans ses mains, il tenait un agenda de poche. Lorsque j'ai annoncé un million, il a déchiré d'un coup tous les onglets représentant les jours de l'année. Et quand j'ai rajouté après une respiration qu'il pouvait payer en deux fois, il a déchiré une seconde fois son agenda. Philippe était totalement paniqué. Il m'a répondu : « Je n'ai pas cette somme à la banque. Pour l'obtenir, je vais devoir vendre mes maisons. Et si je fais ça, ma femme divorce. » J'avais l'impression qu'il allait fondre en larmes. Il m'a annoncé que, dans ce cas, il arrêtait l'équipe de France, puis a demandé à appeler son avocat. Je ne tenais plus alors j'ai désamorcé le truc. « Allez, Philippe, c'est bon. » Être sélectionneur du XV de France était son rêve et je ne comptais pas le frustrer toute son existence.

C'est à la mi-septembre, au soir de la quatrième journée de Top 14, sur une victoire à Bègles-Bordeaux, que Philippe a quitté le RCT après une belle aventure de deux ans et demi. Qu'il aille diriger les Bleus ne m'a pas surpris. C'était son destin, il était formaté pour ça. Je lui souhaite de réussir. Je suis convaincu qu'il va y arriver. Je prends même les paris qu'il guidera le XV de France à la victoire lors de la Coupe du monde 2015. Il a la baraka des champions. Il est la bonne personne à la bonne place : c'est un leader naturel, un stratège, un meneur d'hommes.

Nous nous revoyons parfois, nous échangeons des textos, je lui donne un ou deux conseils, notamment parce que je sais que la presse l'attend au coin du bois et qu'il n'est pas prêt à prendre des coups. Je lui ai suggéré, dans les périodes difficiles qu'il connaîtra forcément, de ne pas baisser la tête. D'un tempérament inquiet et craintif, il doit prendre la dimension de son poste, y compris dans la défaite. Il n'est pas là pour gagner un match mais la Coupe du monde. Jusque-là, ce seront des essais afin de bâtir la meilleure équipe possible. Il n'a pas de comptes à rendre, doit continuer à parler aux gens les yeux dans les yeux, en prenant de la hauteur. Un cuisinier, par exemple, ne peut être jugé qu'une fois le plat posé sur la table. Pour Philippe, le jugement, ce sera le Mondial. Il y aura des ratés mais, le jour J, il sera présent, j'en suis certain. Il aura un XV compétitif, sans compter qu'il bénéficiera du poil de chance dont on a besoin dans la vie. Sur le terrain, les siens auront le bon rebond, le poteau qui va bien. Il est ambitieux et veut réussir. Il a en plus su s'entourer des personnes qu'il fallait : Yannick Bru pour entraîner les avants, façon d'avoir la paix avec le Stade Toulousain, et Patrice Lagisquet pour les arrières, pour faire de même avec les Barbarians.

Philippe est un fin politique, il a opté pour des compétences mais pas seulement. C'est une forme d'intelligence. Il a du nez, se trompe rarement sur le choix des hommes. Je l'ai constaté au RCT. Nous étions en discussion avec un agent, qui nous proposait le troisième-ligne aile anglais James Haskell. Philippe préférait un autre de ses poulains, moins coté : Steffon Armitage. « Mais l'entraîneur ne comprend rien », a avancé l'agent. Je raisonnais également ainsi, me demandant comment il pouvait préférer un remplaçant en équipe d'Angleterre à un titulaire. J'ai suivi l'avis de Philippe et son intuition a été très bonne : Armitage a été désigné meilleur joueur étranger du Top 14 en 2012. Cette année, nous avons embauché son frère Delon, capable de jouer arrière ou ailier.

Pour pallier le départ de Philippe Saint-André, je n'avais pas de solution de même compétence, hormis, une fois encore, le duo Laurent Labit et Laurent Travers. Mais, alors au Castres Olympique, ils n'étaient pas libres. Nous nous sommes encore loupés. Je les aurais signés tout de suite s'ils avaient été disponibles. Leur agent m'a confié qu'ils avaient rédigé un beau projet sur la manière de faire du RCT le plus grand club d'Europe. Pierre Mignoni et Olivier Azam, nos deux entraîneurs adjoints, étaient pétris de qualités mais je ne me voyais pas faire toute la saison avec eux seuls. Un journaliste m'a signalé que Vern Cotter, le manager néo-zélandais de Clermont, n'était pas forcément disposé à venir mais que la fin de son contrat approchait. Je ne l'ai pas contacté, je le sentais trop attaché à l'Auvergne. J'ai appelé en revanche le Sud-Africain Nick Mallett. Il était intéressé mais, après avoir dirigé l'Italie au Mondial, il voulait d'abord couper deux mois en vacances.

Par ailleurs, j'avais une piste avec Clive Woodward, dont Jonny Wilkinson m'avait dressé un portrait flatteur. Le profil de l'Anglais, sélectionneur des champions du monde 2003 et des Lions britanniques, m'attirait mais il était directeur sportif du Comité olympique britannique en vue des jeux Olympiques de Londres, donc pas disponible. L'ancien sélectionneur de l'Australie, Eddie Jones, me plaisait mais il était bloqué jusqu'en février. D'autres personnalités auraient pu être susceptibles de nous rejoindre, comme le Néo-Zélandais John Kirwan, sélectionneur du Japon, ou Graham Henry, à la tête des All Blacks.

Mais j'avais pu vérifier avec Philippe qu'avoir un entraîneur qui parle français est un avantage. Et puis je voulais quelqu'un qui connaisse le Top 14. Bernard Laporte entrait dans cette catégorie. J'avais toutefois un doute : à 47 ans, il n'avait pas entraîné depuis 2007 et la fin de la Coupe du monde, devenant secrétaire d'État aux Sports, puis membre du conseil d'administration de l'Aviron Bayonnais avant de participer à l'opération sauvetage du Stade Français.

J'avais aussi une autre idée en tête, qui en réalité m'est venue très vite : un duo entre Tana Umaga et Daniel Herrero. Le premier était partant. Le second, figure du RCT, dont il a été joueur et entraîneur à bandana, celui du titre de 1987, a accepté de me recevoir. Il a été surpris de ma proposition. Son discours était plein de fraîcheur, de vivacité et de modernité, ce n'était pas le vieux con qui parlait du rugby d'hier mais de celui de demain. Il était très au fait de l'évolution de son sport et l'attelage avec Umaga ne l'effrayait pas. Daniel m'a d'ailleurs informé, ce que j'ignorais, que Tana avait déjà dîné chez lui.

J'avais imaginé cette association en me disant que l'un aurait le langage anglo-saxon et l'autre le français, plus l'intelligence des deux pour la stratégie. Ils se ressemblent, ce sont deux vagabonds, deux Robins des Bois, deux sauvages. Bref, deux hippies du rugby. Je pensais que ça pouvait coller, que ça donnerait un Labit-Travers de dimension internationale. Daniel réservait sa réponse, qu'il promettait rapide. Deux jours plus tard, il m'a appelé pour décliner poliment l'offre.

J'ai toujours respecté les grands anciens de Toulon. Au début, j'ai pris des coups, ils ne me disaient pas bonjour. Ils m'en voulaient. Il faut dire que je les avais totalement exclus. J'avais annulé la gratuité dans le stade et l'accès aux vestiaires. J'avais besoin de faire le ménage. Je pars du principe qu'il faut d'abord tout nettoyer avant de reconstruire. Je partage les victoires et je garde les défaites. Là, je voulais commencer par verrouiller.

J'ai de nouveau tendu la main une fois que nous sommes remontés dans le Top 14. Depuis, j'essaie de les faire participer. Philippe Saint-André a invité les anciens à Mayol, désirant qu'ils adoubent les nouveaux. Aujourd'hui, ils peuvent venir au club, par exemple consulter l'ostéopathe. Je ne dirai jamais non. En revanche, et c'est un principe, le club n'est pas un self-service. Ils doivent demander avant, et on s'exécute avec plaisir. À cet égard, Bernard Laporte a poursuivi cette politique tournée vers les anciens.

Nous n'en étions pas encore là. Avant éventuellement de faire venir l'ancien sélectionneur du XV de France, je voulais vérifier qu'il était encore capable de remettre les mains dans le cambouis. Je craignais qu'il ait tourné la page, entre son expérience dans le gouvernement Fillon et des postes de direction à Bayonne et au Stade Français. Manager, coprésident, dirigeant : son image d'entraîneur s'estompait. J'essayais de le visualiser au milieu des joueurs, ça ne le faisait pas. En plus, j'imaginais un mec austère, qui m'enverrait bouler si je l'appelais, sans compter que, comme Max Guazzini, il se trouvait constamment sur messagerie.

Un journaliste m'a cependant dit avoir parlé avec Bernard Laporte et m'a conseillé de l'appeler. Un agent m'avait également glissé que c'était l'homme qu'il fallait au RCT. Je ne le connaissais pas, je l'avais simplement croisé deux-trois fois par hasard à Paris les mois précédents et nous avions échangé des banalités. Plus récemment, nous nous étions pris la tête par médias interposés sur le cas de Mathieu Bastareaud, lui défendant le Stade, moi Toulon[1]. Finalement, je lui ai laissé un message en lui demandant de me recontacter afin de discuter, mais qu'il n'y avait pas urgence. Les autres pistes que j'avais en ligne de mire tombant à l'eau, j'ai accéléré le mouvement.

Très vite, nous avons fixé un rendez-vous : l'aéroport de Marignane, à Marseille. J'ai réservé un des salons au Pullman de l'aéroport. En l'attendant, je repensais à ce que m'avait dit un grand ancien du club : « Laporte ? Y penser est une faute, le faire un péché. » C'est dire les *a priori* sur lui. Je voulais me faire ma propre idée, comme pour Sébastien Chabal. Je me souvenais du mec passionné en survêtement, j'avais besoin de vérifier si l'envie d'entraîner était là. L'avocat Lucien Simon, président du Pays d'Aix Rugby Club, en Pro D2, m'avait par exemple confirmé qu'il ne vivait que pour le rugby, qu'il dégageait une énergie et une autorité naturelles. Je ne voulais pas non plus le prendre pour de mauvaises raisons,

1. En juillet 2011, le puissant trois-quarts centre international, au Stade Français depuis 2007 et toujours sous contrat, s'est engagé avec le RCT au terme d'un intense bras de fer de plusieurs semaines.

à savoir son réseau, son entregent, son tissu relationnel et financier. Non, j'avais juste besoin d'un entraîneur, d'un gars qui porte le survêt', pas le costume.

Lorsque j'ai aperçu dans le même salon de l'hôtel un célèbre personnage de Toulon, je me suis dit que c'était plié, que ça ne se ferait pas car il raconterait partout qu'il m'avait vu avec Laporte. Heureusement, il était accompagné de sa maîtresse, donc je savais qu'il ne dirait rien et moi non plus ! Le premier contact a été chaleureux. Bernard m'a confirmé être en manque de terrain, cherchant à retrouver le contact au quotidien avec un groupe, la pression d'avant-match. Cette drogue lui faisait défaut. Il était prêt à replonger mais pas n'importe où. Le courant est si bien passé qu'on a décidé de déjeuner. Lorsque l'on s'est quittés, il ne faisait guère de doute que l'on allait travailler ensemble. Il restait à régler l'aspect financier puisque nous n'avions pas parlé d'argent.

Quand j'ai rallumé mon téléphone portable, coupé durant le repas, où nous n'avions bu que de l'eau, j'ai découvert le message d'un journaliste me signalant que le nom de Bernard Laporte était évoqué du côté de Toulon. Il précisait que cela serait compliqué à gérer car le personnage était particulièrement haï dans la ville. Les agents de Tana Umaga se sont agacés : « Vous n'allez pas faire cette connerie, alors là vous touchez le fond. » Pourtant, en sortant du déjeuner, j'étais persuadé qu'il était l'homme de la situation. Dans un premier temps, nous avons décidé de nier en bloc. La décision était compliquée à prendre. Pourtant, avec son agent, nous étions dans le raisonnable sur un plan économique. Ses prétentions n'étaient pas démesurées, ça ne sortait pas du budget.

J'ai appelé mes amis pour les sonder. Ils me répondaient de suivre mon instinct, même si certains s'avéraient choqués. Hubert Falco, le sénateur-maire de Toulon, m'a demandé si cela avançait. « Fais comme tu le sens, je ne veux pas m'immiscer dans le RCT, a-t-il exprimé. Je l'ai croisé au ministère[1], il est certain qu'il vit à 100 % pour le rugby, c'est un véritable passionné. »

Tout s'est opéré très vite. Il a signé pendant le week-end un contrat de manager de deux ans et, le lundi 12 septembre, nous organisions la conférence de presse, au stade Ange-Siccardi, au siège. Le bruit commençait à fuiter. Bernard n'a formulé qu'une demande : il voulait honorer ses engagements avec Canal + durant la Coupe du monde. Il nous rejoindrait après.

Dès qu'il a chaussé le survêt' du club, j'ai eu l'impression qu'il n'avait jamais arrêté. Le premier jour d'entraînement, il n'a pas osé crier. Mais, dès le lendemain, j'étais rassuré : il a gueulé !

1. Anciennement ministre délégué aux Personnes âgées dans le gouvernement Raffarin, Hubert Falco a été secrétaire d'État à l'Aménagement du territoire entre mars 2008 et juin 2009, puis secrétaire d'État à la Défense et aux Anciens Combattants de juin 2009 à novembre 2010, dans le gouvernement Fillon.

9

Stars et usurpateurs

Entre Bernard Laporte et moi, il a toujours existé un petit mur, qui peu à peu est en train de s'effriter, notamment parce que nous nous sommes fait quelques bringues ensemble ! Et je ne fais la fête qu'avec les gens que j'aime bien. Nous sommes deux fortes personnalités, nous nous sommes reniflés, observant d'abord une distance naturelle.

Lors de la passe d'armes autour de Bastareaud, j'avais dit que le Laporte gentil était celui des *Guignols de l'info*. J'avais tort. Il ne joue pas un personnage, il est vraiment sympa ! Dans le cas de Mathieu, il défendait son club, le Stade Français. Lorsque je dirigeais Soleil, j'ai parfois recruté des concurrents qui m'avaient emmerdé des années et pourri la vie sur le terrain. Ils me faisaient la guerre, ça prouve qu'ils étaient bons, alors je les avais engagés.

J'avais aussi entendu, comme tout le monde, parler du côté affairiste de Bernard. Maintenant que je connais le dossier, je sais qu'il a vraiment fait un chèque de sa poche pour sauver le Stade Français. Il a été victime d'une escroquerie, même s'il a récupéré un peu de monnaie. Il est tombé sur des Canadiens qui ont prétendu s'occuper du montage, amener 12 millions d'euros, demandant simplement à être réglé de leurs honoraires. Sauf que la société canadienne a produit un faux document, idem pour le virement, et n'a pas tenu ses promesses[1]. Bernard a consenti sur ses propres deniers à une avance de 200 000 euros. Il était de bonne foi, je crois en sa sincérité. Mais il a été aveuglé par l'envie de sauver le Stade Français, à qui il a fait gravir les échelons, jusqu'au titre de champion de France. Des gens ont abusé de sa bonté, de sa gentillesse. Altruiste, il est capable de se retrouver dans le pétrin pour dépanner ses amis. Les affaires, ce n'est pas son truc, il est davantage un homme de passions.

Bernard a une personnalité complexe. Il existe plusieurs Laporte, qui cohabitent en un. J'ai été sensible au fait qu'il ait proposé en début de saison de baisser son salaire pour permettre un meilleur recrutement. Je ne l'ai pas fait, ça ne me serait pas venu à l'esprit, mais il en a avancé l'hypothèse lui-même. Très sollicité, il participe à des conférences : il laisse une partie de l'argent au club et met l'autre dans la caisse de développement, pour acheter un GPS, un appareil de musculation ou un quelconque objet utile aux joueurs. Il a par ailleurs un humour bien à lui, ce qui est un signe d'intelligence. C'est un félin, il ne faut pas l'enfermer dans une maison, c'est ce que j'ai dit à son épouse. Mari et père attentionné, il n'en a pas moins besoin du terrain au quotidien, d'être à l'hôtel avec les joueurs le week-end, de sentir l'adrénaline du match. Si on la lui enlève, il est éteint.

Bernard est un mec humble, très informé et pas tordu pour un sou. Il n'est qu'à voir la longévité de ses éclectiques amitiés pour mesurer combien il est droit dans ses bottes. Je comprends que Nicolas Sarkozy ait été séduit. Nous deux, c'est une véritable rencontre. On essaie de s'épater

1. En juin 2011, Laporte a déposé plainte pour escroquerie à l'encontre de la Facem. La fondation canadienne d'aide à l'enfance était présentée comme le repreneur du Stade Français. Laporte était amené à devenir administrateur du club. Mais le pseudo-sauveur était bidon.

l'un l'autre. Il doit par moments me prendre pour un fou, par exemple quand après l'entraînement je suis venu lui dire qu'on allait signer Habana. Il sait que, avec moi, tout peut arriver. Il n'a pas besoin du RCT pour vivre mais je suis content de pouvoir montrer qu'il est encore un grand entraîneur. Son implication est totale. Lorsqu'on perd un match, il est encore plus malheureux que moi. Certains médias doivent guetter le moment où ça va péter entre nous. Je lui porte une grande estime. Il a le droit à l'erreur. Il a passé le cap de l'obligation de résultats. Il est à Toulon pour construire. La discussion sur sa prolongation de contrat a duré dix secondes. Celle qu'il devait convaincre était sa femme, pas moi.

Bernard est un vrai leader, avec constamment la banane. Il est toujours offensif, ne recule jamais, ne baisse pas la tête. On peut frapper, les coups rebondissent. Rien ne le détourne de son chemin. Je comprends que les joueurs le suivent et le respectent, même s'il lui arrive de les engueuler tellement fort que je suis gêné pour eux. Ils en rigolent car ils connaissent le personnage. Quand nous avons perdu au Racing, Bakkies Botha, qui était en Afrique du Sud, a demandé à Tom Whitford, notre directeur sportif, si les joueurs étaient encore en vie !

La première saison de Bernard a été inespérée. Le RCT a atteint la finale du Challenge européen et celle du championnat de France, après avoir éliminé en quarts le Racing-Métro puis Clermont en demis. Un succès conquis à Saint-Étienne, sous la pluie et dans la douleur : 15-12 grâce à cinq pénalités de Wilkinson, et Morgan Parra qui, dans les ultimes secondes, manque celle des prolongations à 40 mètres des perches. L'ASM était le favori. Le matin du match, à l'hôtel, exceptionnellement, j'avais regardé mon horoscope. « Vous allez vivre aujourd'hui l'existence dont vous rêviez en termes de réussite. Vous allez obtenir ce que vous voulez », signalait-il. Bingo. Après la qualification, Gilles Panzani, notre intendant, était en larmes. J'étais ému, sur la pelouse, par les cris et la joie de nos supporters. Direction le Stade de France. Une semaine hors norme, avec des réceptions officielles, un dîner étoilé au siège de la Société Générale, tout le monde qui vous félicite, dont certains que vous ne connaissez pas et dont vous vous demandez ce qu'ils font là. Je suivais avec attention les images montrant les Toulonnais prenant d'assaut Paris. Quelle fierté ! Je voyais gonfler les files d'attente pour obtenir un billet, la ferveur qui grimpait.

Le jour du match, je n'ai pas pu m'imprégner de l'euphorie ambiante car le bus est directement allé au parking, puis les joueurs sont rentrés sur la pelouse par le tunnel. Le 9 juin 2012, Toulon a disputé, face à Toulouse, sa première finale depuis 1992. Être en finale constituait un rêve. C'est un problème : quand on est en finale, on croit qu'on a gagné. Rêver n'est pas suffisant, c'est presque une façon d'échouer. Il faut de la détermination, il aurait fallu dire : je veux être champion de France. Le RCT s'est incliné (12-18).

Dans le vestiaire, les joueurs pleuraient à chaudes larmes. Jonny Wilkinson, malgré ce qu'il a déjà vécu, était le plus attristé. J'entendais couler ses sanglots. C'était très émouvant. Des joueurs allaient nous quitter. J'ai dit aux gars : « À vous qui partez, quand on vous dira qu'il n'y a que des mercenaires à Toulon, dites-leur ! Vous êtes nos témoins et nos ambassadeurs. »

Le Stade Toulousain, ce grand club qui parle de lui à la troisième personne du singulier, est un beau champion, là n'est pas le problème. En revanche, j'ai été agacé de voir en tribunes officielles des visages qui ne cachaient pas leur joie, ces gros ventres spécialistes des notes de frais contents de notre défaite. Je n'ai pas aimé non plus le lobbying pour que Carl Hayman, notre puissant pilier néo-zélandais, ne puisse pas jouer.

La veille de la rencontre, la Commission d'extension de la Fédération et de la Ligue, réunie à notre demande, avait refusé de lever la sanction prise contre l'ancien All Black, suspendu quatre semaines par la Commission de discipline de la Coupe d'Europe pour avoir reçu un carton jaune en finale du Challenge européen. Elle s'était contentée de réclamer un complément d'information à l'ERC, l'organisateur des compétitions européennes, qui n'avait aucune preuve à apporter contre Hayman. Nous avons été pénalisés. Je m'étais publiquement étonné que l'on accepte dans le rugby français que des cartons rouges comme le Toulousain Maestri aient joué dès le match suivant alors qu'un carton jaune ne disputait pas les quatre suivants.

Dans cette histoire, le droit était pour nous mais nous n'avons pas gagné. Je n'affirme pas que le titre aurait été assuré avec Hayman mais nous aurions moins souffert en mêlée.

Personne n'ose le dire mais l'équité dans le rugby est un leurre. C'est le règne de la terreur. Tant mieux pour le Stade et son manager, Guy Novès qui, lui, est d'un très haut niveau. Il possède une réelle dimension. Il est si fin et brillant qu'il aurait pu réussir dans le cinéma ou la littérature. C'est presque un accident qu'il soit dans le sport. Je le respecte énormément, lui qui a dépassé les 1 000 matchs avec Toulouse, comme joueur puis entraîneur. Je lui reprocherai juste de ne pas s'être mis en danger en tentant une autre aventure.

Le retour dans l'avion sans le bouclier de Brennus a été long. Il nous manquait ce trophée en quittant l'appareil, pour l'exhiber aux supporters venus nous attendre à l'aéroport.

J'avais envie de revivre la même histoire, de rejouer le film mais de connaître un *happy end*.

Après une telle saison, il fallait rebâtir une équipe plus grosse encore. Dix renforts sont arrivés. Parmi eux, Chris Masoe, que Bernard voulait ardemment. Capitaine de Castres, le troisième-ligne néo-zélandais venait d'être désigné meilleur joueur du Top 14. En colère contre Pierre-Yves Revol, président de la Ligue et ancien patron de Castres, j'ai fait ce qu'il fallait pour que Masoe débarque au RCT. Il n'avait pas choisi Toulon mais, au vu de l'offre proposée, il n'a pas pu refuser. Il a changé d'avis en un week-end. C'est la seule fois où j'ai agi ainsi et je ne le regrette pas.

Parmi le recrutement, quatre joueurs portent ma signature. Il y a le pilier anglais Andrew Sheridan, dont Philippe Saint-André m'avait dit qu'il ne faisait que 5-6 bons matchs dans l'année. Il m'avait signalé la même chose pour le demi d'ouverture néo-zélandais Luke McAlister, que j'étais allé voir à Toulouse. Je m'étais alors fié au jugement de Philippe mais je n'en ai pas tenu compte pour Sheridan. J'ai aussi pris Delon Armitage, l'arrière anglais si épatant dans un Tournoi des Six Nations en 2009 grâce à trois essais en quatre matchs. Je reste dans l'optique que celui qui a été bon le restera, qu'il n'a pas perdu le truc. Maxime Mermoz, en fin de contrat avec Perpignan, a également complété l'effectif. Je le suivais depuis des années et j'étais soulagé quand on ne l'affrontait pas. Mes choix sont liés au sportif et à l'image. Maxime apporte une plus-value, il est dans la mouvance du rugby de demain et a un profil de star. Le poste de centre est mon préféré. Le recrutement de Mermoz visait également à provoquer une concurrence avec Mathieu Bastareaud.

Mature pour son âge, ce dernier a une gueule de rugby, une gueule de champion. Mathieu, c'est Umaga. Il est encore loin de son meilleur niveau. On doit être exigeant avec ce talent monstre, susceptible de changer le cours d'un match, rare joueur capable de traverser le terrain, de partir de ses 22 pour finir dans l'en-but avec quinze joueurs sur ses épaules ! Nous nous sommes battus pour le faire venir du Stade Français.

Dernier renfort à porter ma griffe, Frédéric Michalak. Nous nous sommes mis d'accord très tôt dans la saison. Ce joueur d'instinct est arrivé en août 2012, dans la foulée d'une superbe fin de saison avec les Sharks de Durban, en Afrique du Sud, qu'il a guidés jusqu'en finale du Super 15. Quand il a donné son accord pour le RCT, peu de clubs misaient sur lui. N'oublions pas que le demi de mêlée et d'ouverture avait quitté Toulouse en 2011 sans être retenu pour disputer la phase finale du Top 14, lui qui avec le Stade avait été triple champion d'Europe et double champion de France. Là encore, j'étais certain de mon intuition.

Bernard Laporte, qui l'a lancé en 2001 en équipe de France, m'a d'abord dit non. J'ai gardé le dossier sous le coude, dans l'idée de lui proposer de nouveau très vite. Un jour de réunion, alors qu'on dressait le profil de l'équipe type de la saison suivante en comptant les JIFF, Bernard, toujours très étonnant mais pas obtus dans ses réflexions, a lâché : « Et puis, en 9, il y a Michalak. » Je savais le joueur animé d'un esprit de revanche, plus stable aussi, la trentaine et un bébé aidant. Je n'avais pas de doute sur sa capacité à revenir fort. J'avais déjà essayé de l'attirer au RCT l'année de notre remontée en Top 14. Fred avait préféré rester à Toulouse. Lorsqu'il s'est rompu les ligaments, je lui avais adressé un message, lui signalant que ça ne changeait rien à notre proposition. Nous nous sommes perdus de vue mais, quand j'ai su qu'il était sur le marché et peinait à trouver un club, j'ai saisi l'occasion.

Il fallait être aveugle pour ne pas comprendre que Michalak a un talent fou pour créer dans une situation le geste qu'il faut, décalé mais juste. Comme Sonny Bill Williams, on ne sait pas ce qu'il va faire sur le terrain. Il peut sortir du schéma du jeu et désarçonner l'équipe adverse. C'est la force de Toulouse de pouvoir se séparer d'un tel joueur sans qu'on le leur reproche. Fred est arrivé avec beaucoup d'humilité. La façon dont pour les pénalités il a tenu le tee de Jonny, avec qui il est pourtant en concurrence, en est l'illustration[1]. Il se met au service du club et sa popularité semble le gêner plus qu'autre chose. On m'a prévenu que c'était un sacré déconneur. Il est pour l'heure sur la réserve, ne se lâche pas encore totalement. Après, je vois que mes vannes le font marrer. Enfin, j'espère…

Depuis le début de la saison, et au moins jusqu'à l'écriture de ces lignes, en février 2013, le RCT fait la course en tête dans le championnat, vivant la meilleure saison de son histoire depuis le retour dans l'élite, agrémentée de la qualification pour les quarts de finale de la H Cup. Ce mois de février a d'ailleurs été intense. Avant de nous ressaisir en dominant Montpellier 51 à 6 avec cinq essais, nous avions été balayés 41 à 0 sur le terrain de Bordeaux-Bègles, un mal classé.

Sans être un grand spécialiste du rugby, je le pressentais, déplorant que nous ne progressions plus dans certains secteurs du jeu. Je me suis entretenu avec le quotidien *La Provence*, qui a mis en titre cette déclaration : « Les joueurs

1. En octobre 2012, le RCT a battu Bayonne 59-0. L'une des images fortes a été, compte tenu du fort vent, de voir Michalak s'allonger pour tenir le ballon à chaque fois que Wilkinson bottait face aux perches. Les partenaires, qui jouent au même poste, s'étaient mesurés deux fois en demi-finales de la Coupe du monde. « Jonny aurait fait la même chose pour moi », se contentera de dire Michalak.

sont devenus des rentiers ». Elle a été mal interprétée. Mon intention était de souligner que nous étions les rentiers du capital-points engrangé depuis le coup d'envoi du Top 14, avec ses six victoires à l'extérieur d'entrée. Ce n'est pas tout à fait la même chose...

Reste que c'est la saison de tous les espoirs. Jamais nous ne serions autant déçus si nous ne remportions pas de titre. Être couronné serait extraordinaire mais, compte tenu de notre classement, pourrait donner l'impression de normalité, ce qui n'est pas juste. À en croire les médias, le RCT sera champion et Clermont récompensé en H Cup. Cela me convient mais ce n'est naturellement pas aussi simple que cela. Toulon a le niveau pour le Brennus mais le brandira-t-on ? Toujours en février, il y a eu l'annonce selon laquelle notre ancien pilier gallois Eifion Lewis-Roberts, aujourd'hui à Sale, aurait été convaincu de dopage à l'issue de la finale du Top 14[1]. Il a dû prendre un produit pour calmer une douleur. J'avais dit pour sourire, en conférence, que c'est comme si on me disait que Philippe Saint-André prenait de la marijuana ! Je n'ai pas vu de dopage dans le rugby. Ce sport ne génère pas assez d'argent et, d'ailleurs, pour les jeunes, notre sport n'est qu'un complément de salaire. La ventoline, médicament prescrit contre les crises d'asthme, est le seul produit que j'ai vu les rugbymen ingurgiter. La polémique a été gênante pour nous, ce dossier n'avait pas de raison de sortir. Ce que Lewis-Roberts a pris est légal mais il produit des effets jugés dopants ! Et le médecin du RCT est aujourd'hui celui du XV de France.

Au cours de cette drôle de période, j'avais l'impression que

1. Selon *L'Équipe*, l'analyse de l'échantillon B, effectuée le 16 janvier au laboratoire antidopage de Châtenay-Malabry, aurait confirmé la présence de morphine et de pseudoéphédrine dans les urines du joueur. Eifion Lewis-Roberts encourt une sanction allant du simple avertissement à deux ans de suspension.

l'on nous retirait d'un coup ce qu'on nous avait donné et que nous n'avions pas demandé... Avec ce 41-0 encaissé, même si nous avions toujours six points d'avance sur le second, la chute s'amorçait, sans garantie qu'elle soit seulement temporaire. Selon moi, Toulon n'était pas préparé à jouer un tel rôle, pas programmé pour l'assumer jusqu'au bout. L'histoire n'était pas encore écrite, c'était plus profond. Et ce n'était pas un problème de coaching. Inconsciemment, nous nous sommes relâchés, persuadés à tort que nous étions capables de battre Bègles avec un seul bras.

Il fallait retrouver la conscience de devoir aller chercher quelque chose plutôt que d'espérer le conserver. Pour le réaliser, pour passer du rêve à la réalité car nous n'avions encore rien gagné, nous avions besoin d'une aide extérieure. D'où le recrutement par mes soins, jusqu'à la fin de la saison, du préparateur physique Tiburce Darou, passé par les clubs de football de Lens, Marseille, Lorient, Arsenal et du Paris Saint-Germain, par le tennis mais aussi par le château de la Star Academy comme prof d'éducation physique. Son boulot : apporter un côté ludique aux entraînements, apprendre à dédramatiser les choses. Je ne connaissais pas Tiburce, j'avais découvert ce bourlingueur de 70 ans quelques semaines plus tôt, par hasard, dans un documentaire sur Canal + Sport qui suivait Yoann Gourcuff, dont il était le préparateur physique personnel. Hasard encore : l'une de mes filles pratiquant le volley-ball, j'ai décidé de l'emmener voir un match du Racing Club de Cannes, l'une des meilleures équipes européennes féminines. J'avais eu les gens du club pour pouvoir garer ma voiture au parking. Un journaliste de Canal +, alerté de ma présence, a demandé à Tiburce, qui dépanne les filles de Cannes, de s'occuper de moi. Installé en tribune, j'ai reçu un appel masqué : Tiburce, depuis le parquet, m'appelait, me tutoyait comme si on se connaissait et, d'un ton sec, me demandait où j'étais, presque en m'engueulant.

Quelques secondes plus tard, ne me voyant pas, il a rappelé et m'a demandé pourquoi je ne descendais pas. J'ai alors enfin percuté de qui il s'agissait. Il a suivi la rencontre à côté de moi, s'est montré très agréable avec ma fille. Nous avons discuté, j'ai mesuré qu'il connaissait parfaitement le RCT et ses problématiques. Je lui ai suggéré, là, tout de suite, de nous aider. Si ça n'avait tenu qu'à moi, je l'aurais embarqué directement. Tout de suite j'ai su que c'était la bonne personne. J'ai téléphoné à Bernard Laporte en lui disant : « Je crois que je viens de rencontrer la solution à nos problèmes. » Bernard a joint Arsène Wenger, qui a fourni un excellent retour sur le boulot de Tiburce à Arsenal.

Je lui ai proposé de venir nous donner un coup de main. Il a réfléchi puis m'a rappelé en m'assurant : « Je suis à Toulon mardi, on commence mercredi. » Nous n'avons rien négocié. Nous n'avons pas parlé argent. « Si je faisais ce métier pour cela, je serais millionnaire », m'a-t-il indiqué. Il veille à la préparation physique de nos troupes. C'est notre Monsieur Ludique, celui qui doit casser la routine. Déjà projeté sur les phases finales, le quotidien nous paraissait moins excitant. Ce mec est magique, il sort de l'ordinaire, avec sa gueule, son look, sa façon de travailler. Dès la fin de la première séance, Jonny Wilkinson est venu discuter avec lui. Les joueurs vont d'abord rigoler, puis ils ne jureront que par lui.

Je prépare depuis des mois la saison prochaine et même la suivante. Pas le temps de savourer, il faut toujours anticiper. Ce n'est pas la valse à mille temps mais à trois ou quatre temps. Je rêve entre autres de la venue du troisième-ligne aile sud-africain Schalk Burger, que je « bade » comme un malade.

Les stars me font triper. J'adore ces gens un peu au-dessus, avec leur côté irréel. J'aime en recruter, j'agissais pareillement dans la BD. Je suis un metteur en scène, un vendeur de bonheur, qui essaie de créer des choses improbables, ce que j'ai réussi avec Tana Umaga, Sonny Bill Williams ou Jonny Wilkinson. Je m'efforce, quelque part, de monter une équipe de PlayStation, moi qui gamin inventait mes propres jeux !

Dans le genre, l'arrivée de Bryan Habana, superstar du rugby, champion du monde avec l'Afrique du Sud en 2007 avec 8 essais inscrits durant l'épreuve, vainqueur du Tri-Nations deux ans plus tard, n'est pas mal non plus. Le style de cet ailier très vif est immédiatement reconnaissable, pas besoin de voir son numéro de maillot quand il plonge pour aplatir l'essai. Je le voulais absolument. Je ne tenais pas à attendre que Jonny décide ou non de prolonger l'aventure. Il fallait aller vite, sinon ça roupille. Et dire que je m'étais promis, sincèrement, de faire un truc pépère pour la saison 2013-14 !

J'ai du mal à dire non quand l'opportunité se présente d'engager de grands joueurs. Lorsqu'un très beau produit se présente, un chef d'entreprise doit agir et créer des richesses avec celui-ci, afin d'obtenir le budget permettant son achat. Je n'ai pas les finances pour lui mais, s'il vient, on se débrouillera ! Les stars sont faciles à gérer et Jonny, par exemple, se vexerait s'il passait son tour dans la rotation pour vider les poubelles. C'est plus compliqué avec les joueurs moyens qui se prennent pour des grands. Je suis favorable à la concurrence, si elle est équitable : celui qui a la garantie de jouer est rarement bon. Il faut de l'émulation. Et puis les saisons sont longues, le RCT chasse sur plusieurs tableaux.

Quand j'ai signé Habana, en janvier 2013, je pensais que Jonny arrêterait sa carrière. En novembre, on m'a annoncé que Jonny raccrochait en fin de saison puis, deux mois après, qu'il allait peut-être continuer. Il est altruiste, se connaît sur le bout des doigts de pied. Sa seule question était de savoir s'il servirait encore, compte tenu qu'à son poste nous avons désormais Frédéric Michalak et Matt Giteau. Jonny pensait décliner mais, non, à presque 34 ans, il assure toujours, pense encore pouvoir apporter à l'équipe et au collectif.

Il nous a annoncé vouloir effectuer une très belle dernière saison et, pour y arriver, a demandé à baisser son salaire ; la différence permettant de dégager un budget pour son entraîneur au jeu au pied et son préparateur physique personnel. Il entend se donner toutes les armes.

Imaginer qu'il était possible qu'il arrête me perturbait. Les années Wilkinson sont importantes à Toulon, ce blond avec ce maillot rouge qui lui sied si bien. Quel mariage fabuleux. Je m'étais préparé à ce que la réception d'Agen cette saison signe ses adieux. Je commençais à cogiter, à penser à une sortie de légende, par exemple à diffuser l'hymne anglais, à faire venir des membres de la famille royale. Tout cela est heureusement repoussé d'un an.

J'aurai finalement Wilkinson ET Habana : ça ne m'arrange pas pour mon budget, mais je ne vais pas bouder mon plaisir. J'ai déjà imaginé des solutions : délocaliser un match dans le nouveau grand stade de Nice, avoir un autre sponsor maillot, faire monter les enchères pour être partenaire, monter de nouvelles loges, chercher d'autres produits RCT à vendre, etc. La masse salariale va augmenter de 12 à 15 % et, si on ne gagne rien cette année, il faudra mesurer la déception et l'impact que celle-ci entraînera sur le budget.

Cela faisait quatre ans que je voulais Habana. Fin 2007, alors que nous étions encore en Pro D2, nous étions déjà en discussion. Il négociait aussi avec Bayonne. Alain Afflelou, avec son jet privé, lui proposait de monter des boutiques en Afrique du Sud. Dur de rivaliser : je n'avais à offrir à son père qu'une place à Colombes pour nous voir affronter le Racing. Il n'est pas venu mais la rencontre au Novotel d'Orly avec ce monsieur très doux et débonnaire, qui ressemblait aux musiciens cubains du Buena Vista Social Club, avait été chaleureuse. Habana n'avait opté ni pour le RCT ni pour les Basques.

L'année suivante, nous nous sommes revus, à Toulon, avec son père. Eux qui voulaient être discrets ont rejoint Mayol en passant par le cours Lafayette. Ils ont vite été repérés ! Je les ai emmenés déjeuner à l'endroit habituel, au Lido, en bord de plage. L'affaire ne s'est pas conclue par la faute de son agent, qui est revenu sur nos accords et réclamait sans arrêt davantage d'argent. Le même, plus tard, tentera un coup de poker en glissant l'information à Canal + selon laquelle Habana venait de signer deux ans au RCT. La chaîne l'a annoncée à l'antenne. C'était bon pour ma campagne de recrutement mais faux. La technique de l'agent consistait à me motiver, convaincu que raffolant des médias j'allais augmenter ma libido en entendant Canal et conclure ainsi le transfert. Il n'en a rien été. Je n'aime pas qu'on me force la main.

Avec cet agent, j'ai connu deux autres mésaventures : le départ du RCT du jeune trois-quarts centre Gaël Fickou, international des moins de 20 ans, vers le Stade Toulousain, et la non-venue du troisième-ligne géorgien Mamuka Gorgodze. Le joueur de Montpellier avait pourtant signé un précontrat de trois ans en notre faveur et j'entendais faire respecter le droit français. Sa clause de désistement étant de 500 000 euros, et vu que nous le souhaitions toujours, nous lui demandions cette somme pour la rupture de ce précontrat.

Trois mois avant que le litige ne soit tranché par le tribunal des prud'hommes de Montpellier, un dirigeant du club héraultais a annoncé à mon directeur général que nous allions perdre. La raison ? Un des juges était l'un de ses amis d'enfance et partageait la même loge maçonnique !

Cette procédure était pourtant imperdable. La Ligue avait confirmé que notre contrat avec Gorgodze était valable, la Fédération aussi. Et pourtant nous avons perdu, tout en nous étant laissé entendre que nous l'emporterions en cas d'appel puisqu'un magistrat professionnel prendrait alors l'affaire en main. Cela signifiait trois-quatre ans d'attente et je n'avais pas envie de traîner cette histoire.

J'ai trouvé un accord à l'amiable avec Mohed Altrad, le nouveau président de Montpellier, qui, sachant sûrement pour quelle raison il avait gagné, a payé une partie alors que la caution avait été signée par son prédécesseur. J'avais alors chassé l'agent de Gorgodze, pris une fois de plus en flagrant délit de mensonge à propos d'un autre joueur dont il m'avait assuré, après avoir parlé lui-même avec ses parents, qu'il refusait le contrat avec Toulon. Manque de pot, ses parents étaient sourds-muets ! Cet agent bosse encore avec nous mais il ne parle pas avec moi. Il est faux, dit à chacun ce qu'il veut entendre. Il faut s'assumer dans la vie.

Finalement, Habana a pris un agent normal. « Tiens, je suis à Paris, pour vendre des joueurs, dont Habana », m'a confié Laurent Quaglia. Je me suis étonné qu'il ne me le propose pas. Il pensait que je n'en avais pas besoin. J'ai vite réagi. J'ai appelé Bernard Laporte, en vacances en Israël. « Tant pis, le Mossad va être au courant qu'Habana peut signer à Toulon mais il faut que tu ailles le voir », lui ai-je lancé. Il est allé à sa rencontre à Londres, sans moi : ma présence aurait fait monter les enchères de 10 %. Je voulais apparaître détaché, que ce soit le choix du coach. Bernard est revenu séduit, appréciant qu'Habana connaisse parfaitement l'équipe et suive ses résultats. Sans doute l'effet du poisson et de l'huile d'olive au restaurant de Carqueiranne avec son père quelques années plus tôt ! À lui désormais d'écrire une nouvelle page de l'histoire du club… Nous verrons quel type de rapports j'entretiendrai avec lui.

En général, les joueurs me chambrent peu. Une fois, mon portable a sonné dans l'espace de vie et ils m'ont réclamé les 150 euros d'amende pour alimenter la caisse commune. J'imagine qu'ils doivent bien rigoler quand je fais des discours bidon. Une de mes interventions, en revanche, les a nettement moins amusés. J'avais été cinglant dans la presse en assurant qu'on avait inventé le ballon porté qui n'avance pas et qu'il fallait arrêter, ou alors le faire avec un nez rouge ! Ils n'avaient pas aimé…

Le capitaine, Joe Van Niekerk, était venu me trouver, gêné, manifestant la volonté que je ne chante pas le « Pilou-Pilou » avec eux. Je déconne avec les joueurs mais ça s'arrête là. Je reste extérieur à ce monde et jamais je ne ferai la bise aux anciens, comme certains présidents. Au début, toutefois, je mangeais souvent avec Gonzalo Quesada, un garçon brillant.

Il n'appartenait pas aux usurpateurs, comme ce Georgien qu'un agent m'avait vendu comme pilier gauche… et droit, ce que le joueur avait confirmé. Au premier match, en amical, nous étions privés de droitier alors l'entraîneur lui avait demandé de rentrer. Et lui de nous asséner : « Moi dire gros mensonge, moi pas jouer à droite. »

Fort aussi, le père de Mike Noble, qui m'avait fourgué son fils en même temps que Jerry Collins, dont il était l'agent. C'était le package et il m'avait vanté les mérites du fiston, jugé comme le meilleur pilier droit de Nouvelle-Zélande. Une catastrophe. Il n'était pas présentable. On l'appelait « Chamallow », tellement il était mou ! Il n'a joué qu'une mi-temps, contre Clermont. Il n'y avait même pas eu d'affrontement.

David Banquet l'a remplacé en seconde période et a mieux tenu la mêlée. Noble avait signé deux ans et, pour nous en débarrasser, j'ai dû payer une partie de son salaire et la commission d'agent de son papa !

J'ai également le souvenir de Lawrence Sephaka, 25 sélections chez les Springboks, premier pilier noir d'Afrique du Sud et qui s'est révélé le roi des pistes de danse. Ce mec n'avait aucun honneur et se faire défoncer en Pro D2 ne le dérangeait pas. Heureusement, et il ne le sait pas, il m'a permis d'éviter de perdre des points sur mon permis puisque je le déclarais à chaque fois comme conducteur lorsque j'étais verbalisé !

Il y a aussi eu Jérôme Filitoga-Taofifenua, pilier de 145 kg, né à Wallis-et-Futuna, qui n'a joué qu'une mi-temps avant de se blesser gravement. Il estimait que je lui devais une reconversion alors que je l'avais embauché comme pilier droit à 15 000 euros. J'ai été condamné à lui régler un an de salaire après qu'il avait été déclaré inapte à la pratique du rugby par la médecine du travail ! Vive les joies du ballon ovale...

Désormais, j'ai aussi envie de créer des stars, avec des jeunes issus de notre filière de formation, même si paradoxalement former coûte plus cher que de recruter dans un autre club puisque je dois à la fois payer leur salaire et leur formation ! J'ai cependant été ravi de l'essai inscrit contre Montpellier par le petit Ivan Roux pour son second match en Top 14. Il n'a joué que vingt minutes mais en procurant l'impression d'avoir toujours été avec nous. Cet essai a dû apporter du bonheur à son père, Yvan, deux fois champion de France avec Toulon, aujourd'hui chef reconnu. J'aurais adoré voir sa joie. Oui, j'aspire à façonner les jeunes joueurs, dans leur façon de communiquer par exemple.

J'essaie de créer une façon de vivre RCT, une philosophie qui dépasse le cadre du rugby. C'est un puzzle, dont j'assemble les pièces. À moi d'avoir la vision globale, conscient que Toulon est isolé dans ce bassin de 450 000 personnes comptant des stades de 45 000 (Nice) et 67 000 (Marseille) places qui ne me coûtent rien. La seule façon de lutter est de conserver notre identité toulonnaise, de donner une âme à ce club, que la région se l'approprie. Je pense savoir dans quelle direction aller afin que le RCT prenne une nouvelle dimension. Je construis sur du rêve, le solide vient ensuite. C'est stimulant intellectuellement et je suis obnubilé par cette quête. Dans cette stratégie, ne pas être champion de France dans les deux-trois ans serait pénalisant. Contrairement à ce que beaucoup prédisaient, j'ai montré que l'on pouvait gagner de l'argent dans l'édition, je veux récidiver dans le rugby. Dans quatre ans, j'aurai consacré dix années au RCT. C'est un bon cycle, la fraîcheur s'émoussera. Moi qui peste contre les vieux cons qui s'accrochent, je ne vais pas les imiter.

Ma fierté, encore une fois, réside dans le modèle économique généré. C'est un mode de management, que les joueurs peuvent concrètement mesurer. Ainsi, nous nous déplaçons le plus souvent possible dans le joli bus RCT, que nous aspirons à amortir. En début de saison, le club a gagné trois fois à l'extérieur, dont avec le bonus offensif à Mont-de-Marsan. La réception de Bègles-Bordeaux s'effectuait, du coup, à guichets fermés. Ce n'était pas prévu : nous avions budgétisé ce match à 80 000 euros, il passait à 180 000. Avec les 100 000 euros supplémentaires, obtenus grâce aux résultats sportifs, j'ai fait voyager l'équipe, en guise de récompense, en avion privé pour un match de leur choix, à Agen, ce qui m'a coûté 20 000 euros. Dans l'édition, quand un livre marchait bien, j'invitais son auteur dans un bon restaurant. En rugby, il y a aussi les malus en cas de mauvais résultats : j'ai déjà annulé deux avions ! Notre budget, hors phase finale, est d'environ 28 millions d'euros. Concernant les salaires, nous avons atteint le plafond maximum, le *salary cap*, fixé par la Ligue à 9,5 millions d'euros. Si le RCT paie ses joueurs au plus haut, nous disposons d'un budget de fonctionnement d'un club de Pro D2. Pour les loges somptuaires et les buffets gargantuesques, ce n'est pas chez nous.

Nos partenaires savent que nous n'offrons pas les meilleures prestations ; la seule dépense exubérante demeurant les joueurs, nos gladiateurs des temps modernes, avec leurs muscles saillants et leurs habits de superhéros. Au quotidien, dans le train de vie, il n'y a pas de différence par exemple entre Toulon et Albi. Chez nous, l'argent dépensé se voit sur la pelouse.

10

Les blagues du vendredi

Je m'efforce d'avoir le sens de l'essentiel. Quand je gère une entreprise, je priorise les choses. Dans une présentation d'une heure et demie, je ne retiendrai que les dix minutes qui comptent. C'est un détail mais qui se révèle stratégique. J'intériorise, j'observe, je suis une éponge. Ce sont mes qualités. J'aime séduire, naturellement, mais je ne suis pas le genre de patron à jouer là-dessus. J'évite ce type de rapport, m'évertuant à rester moi-même. « Les hommes ne disent que des bêtises quand ils parlent des femmes. Par contre les femmes ne disent pas toujours des sottises quand elles parlent des hommes », a dit Jacques Brel, qui a aussi eu une jolie formule en argumentant que lorsqu'une femme surgit dans une discussion entre amis, plus personne n'est naturel.

Dans mon boulot, que je sois avec dix hommes ou dix femmes revient au même. Chez Soleil, comme au RCT, j'ai instauré un principe : je tutoie les hommes qui me tutoient et je vouvoie les femmes qui me vouvoient, même si je travaille avec elles depuis dix ans. Je considère qu'il existe des postes pour lesquels les femmes sont plus compétentes, comme la direction financière, celle des ressources humaines ou la communication. Je l'ai expérimenté dans mes entreprises. Je les trouve meilleures, elles s'investissent vraiment quand on leur donne des responsabilités et m'ont rarement déçu.

Je n'ai jamais toléré ceux qui cherchent le droit de cuissage au travail. C'est inacceptable, comme de ramener ses états d'âme au bureau et de se venger sur son personnel quand cela se passe mal à la maison. Je hais ce type de dirigeants. Si je suis une terreur pour tout le monde, je ne pousse jamais ou presque de gueulantes. Cela a dû m'arriver cinq ou six fois en vingt-cinq ans. J'essaie d'affirmer mon autorité en solutionnant très vite ce qui constitue des problèmes pour les autres, en apportant des idées, en avançant.

L'esprit de séduction, je l'ai longtemps réservé aux auteurs que je voulais attirer. Pour les « draguer », il convenait de les motiver, de faire en sorte que, dans leur imaginaire, ils se visualisent chez moi plus grands que ce qu'ils n'étaient. Je pense que je savais bien le faire. J'adorais ça. J'avais les mêmes codes culturels qu'eux.

Dans le rugby, l'approche est différente et la méthode « auteur de bande dessinée » ne fonctionne pas. Pour Jonny Wilkinson, je lui ai vendu le personnage qu'il attendait : celui du dirigeant rassurant et posé. Le plus gros séducteur reste Serge Blanco. Il est dix fois plus fort que moi dans ce domaine, mais j'apprends vite.

Un éditeur est un accompagnateur alors que, dans le sport, la notion de président est plus sacralisée. On dirait que c'est Dieu, ce qui est d'ailleurs stupide. J'ai essayé de démystifier cela. Selon moi, un président est un manager, garant du projet et de son état d'esprit. Mais qui sait aussi rigoler et déconner. J'ai du mal avec l'image et le rôle de président. D'abord, à la différence de la BD, je ne porte plus le costume mais le jean. Pas de quoi m'empêcher de faire des choses sérieuses et compliquées. Et puis certains ont des costumes dans leur tête !

Je considère être un patron de gauche, même si l'on prétend que ce sont les pires... J'ai toujours entretenu des rapports courtois avec mes employés et je me fais fort de n'avoir jamais eu de litiges à régler aux prud'hommes, excepté le cas d'une fille de l'accueil du bureau parisien qui voulait tenter le concours de la gendarmerie. Afin qu'elle conserve ses droits, je lui ai proposé de la licencier. « Vous êtes un superpatron », m'a-t-elle remercié. Six mois plus tard, je recevais un courrier pour licenciement abusif et une convocation aux prud'hommes. Elle avait échoué à son concours et se retournait contre moi ! Depuis, j'ai retenu la leçon.

C'est la réalité du monde du travail, sans parler de tous les arrêts maladie rédigés par des médecins de complaisance et qui, s'ils étaient mieux encadrés, soulageraient la sécurité sociale. Il existe des abus. Certains de mes employés ont été arrêtés un mois, jouant par exemple sur la dépression, très dure à déceler.

Un jour, une salariée est venue me voir. Elle avait signé un CDI pour l'accueil. Au lendemain de sa fin de période d'essai, soit un mois et un jour, elle est venue me trouver : elle était enceinte. Vingt-quatre heures plus tard, elle m'a expliqué que sa grossesse ne se passait pas bien. Elle s'est mise en congé maladie six mois, a enchaîné par le congé maternité, puis le congé sabbatique car il s'agissait de son troisième enfant. De longs mois plus tard, elle est retournée chez Soleil et a demandé à être licenciée. J'en étais soulagé. Elle n'a travaillé qu'un mois mais a été payée cinq ans. C'est le système, pervers, qui veut ça. Évidemment qu'une protection sociale est indispensable. Mais nul n'a le droit aujourd'hui de dire qu'il y a d'un côté les bons employés et de l'autre les méchants patrons. Les abus prolifèrent dans les deux camps. Si les salariés se donnaient à 100 % à leur boulot, Meetic et Facebook ne marcheraient pas autant dans la journée. De toute façon, j'ai toujours estimé que j'achetais de la compétence et pas du temps.

Je n'ai pas attendu Martine Aubry pour passer à la semaine de 35 heures. J'ai appliqué la loi dès la création de Soleil Productions. Je pourrais presque dire que c'est moi qui ai inventé la semaine de 35 heures ! Ce n'était évidemment pas contractuel mais travailler de 9 heures à midi et de 14 à 18 heures est suffisant. Je tenais à instaurer de la qualité de temps. Je ne réclame pas des heures mais de la qualité.

Le chef d'entreprise est souvent caricaturé. On ne parle pas de celui qui a embauché des gens, a pris des risques, s'est planté, a déposé le bilan et se voit prélever une partie de ses biens. Le petit chef d'entreprise qui s'évertue à être juste mais traverse des ennuis manque de reconnaissance. Il est vampirisé par le méchant patron exploiteur ou par l'image des fonds de pension qui se reversent les bonus entre eux, poncif que l'on nous sert et ressert régulièrement. Je me place au-dessus des conventions. Avec le salarié, je signe un contrat de confiance. Je m'en sépare quand je considère qu'il n'est plus bon.

Notre système législatif fait que l'on oblige les gens à cohabiter même quand ils ne peuvent plus s'encadrer. La situation est invivable des deux côtés. Comment être efficace, motivé et productif en côtoyant quelqu'un que l'on déteste ? Je propose de retrouver la première liberté du salarié, celle de dire merde à son employeur, sans la peur du chômage. Au patron de contribuer à ce que son salarié n'ait pas envie de partir. Quant au plus grand syndicaliste de la terre, il n'a jamais créé qu'un seul emploi : le sien. Le plus petit des patrons a mieux défendu l'emploi que lui.

Le syndicalisme me gonfle. J'ai fait partie de celui de l'édition. Nous passions notre temps à nous faire des mamours, décidant d'un prix maximum pour une page ou nous promettant de ne pas se piquer des auteurs. Et, dès qu'on sortait de la réunion, on s'en mettait de nouveau plein la gueule. On ne peut pas autant se détester commercialement et faire semblant de s'aimer, alors j'ai choisi de m'en aller.

Je rêverais de donner la réplique aux politiques ou aux syndicalistes dans une émission grand public. Je parlerais un langage vrai, pas édulcoré, sans faux-semblants, à ceux qui n'ont jamais bossé mais jugent et donnent des leçons. La meilleure façon de défendre l'emploi est encore d'en créer. Si on hurle quand on licencie 1 000 personnes, il faut au moins aussi applaudir quand on les embauche.

Cette vision ne m'a jamais empêché d'essayer d'avoir de l'humour, qualité qui manque singulièrement au patronat français. Chez Soleil, j'avais l'habitude le vendredi, si nous avions bien travaillé dans la semaine, d'offrir un moment de détente à partir de 16 h 30, autour de charcuteries et de bouteilles. Tout le monde était rassemblé en salle de réunion, cela créait de la convivialité. Mon message, également : « On peut obtenir ce que l'on veut avec la force de conviction. »

C'est pourquoi j'avais aussi institué les vendredis canulars. Je tenais à illustrer moi-même mon discours. Je m'emparais du téléphone et je pouvais appeler l'hôtel Martinez, à Cannes, en me présentant comme le responsable d'une entreprise de dératisation mandaté par la ville et désireux de faire un trou dans le hall d'entrée de cet établissement de luxe pour en chasser les rats. J'assurais qu'une forte concentration de ces rongeurs avait été localisée à cet endroit et qu'il convenait de creuser, puis de les attendre avec un gourdin pour les assommer. J'ai parlementé une vingtaine de minutes avec l'un des chefs du Martinez, lui laissant *in fine* entendre qu'on pouvait s'arranger financièrement s'il préférait que je creuse ailleurs. Je mettais le haut-parleur, que tout Soleil en profite.

J'ai aussi contacté Péchiney, me faisant passer pour un client intéressé par l'achat d'un missile sol-air : habitant près de l'aéroport d'Orly, j'étais à bout de nerfs à cause des avions qui ne respectaient pas les horaires. « Le prochain appareil qui recommence, je l'abats », ai-je annoncé. Et on m'a passé le service des devis !

L'une de mes préférées a consisté à piéger l'un de mes fabricants, connu dans le milieu de la BD. Je me suis glissé dans la peau de l'éditeur de *Spartacus*, le guide gay des voyages, assurant que je peinais à trouver quelqu'un capable de me fabriquer 100 000 exemplaires du magazine. Je promettais de payer en liquide à la commande, avant d'ajouter : « Et si accessoirement un petit garçon vous plaît dans le guide, on peut s'arranger ! » Il a refusé. Quelques minutes plus tard, j'ai rappelé, me faisant passer cette fois pour la police judiciaire, jurant avoir intercepté une communication équivoque et disant à mon interlocuteur qu'il pouvait désormais se considérer en garde à vue. J'ai appris qu'il avait immédiatement fui les bureaux...

Parmi mes blagues, j'adorais me faire passer pour l'agent de Sacha Distel, un personnage que je trouvais amusant. Je pouvais en son nom réserver une table de restaurant en demandant à ce que le personnel soit vêtu de rouge, car il était particulièrement sensible à cette couleur, ou réclamer une suite dans un hôtel en expliquant que le chanteur comptait y organiser une partouze. Je sollicitais un étage en prévenant qu'il y aurait du bruit, puis j'invitais le réceptionniste à venir y faire un saut avec sa femme si le cœur lui en disait, garantissant que Sacha Distel était très ouvert. J'ai croisé le vrai une fois au Costes et je ne lui ai rien dit : j'avais trop honte.

J'ai également annoncé en réunion de copropriété que nous allions acheter le troisième étage pour en faire un sauna gay ou bien une mosquée. Le coup de fil du vendredi était un challenge. Déjà, à 20 ans, je prenais un numéro de téléphone au hasard dans l'annuaire et le défi consistait à convaincre la fille au bout du combiné d'accepter l'invitation à dîner le soir même.

Chez Soleil, j'avais une ligne directe et il arrivait qu'il y ait des erreurs d'aiguillage. Alors je me faisais passer pour le directeur d'un sex-shop et ma mission était de parvenir à vendre à mon interlocuteur un godemiché ou autre ustensile du genre. Tout est dans la persuasion. Je me lançais dans ces défis devant mes collaborateurs. C'était une façon de montrer que le patron ne doit pas rester engoncé dans un personnage, qu'on peut faire des choses sérieuses sans l'être, ni avoir une tête d'enterrement sous prétexte que l'on est le boss.

Il m'arrive toutefois de perdre mon sens de l'humour : quand le racisme sous toutes ses formes s'en mêle. Je peux alors volontairement humilier les gens. En visite à la préfecture pour renouveler ma carte d'identité, la fille du guichet m'avait à peine regardé puis lâché : « Pour vous, ce n'est pas ici, mais aux cartes de séjour. » À l'époque, j'avais une habitude : je me baladais avec ma feuille d'impôts. J'avais haussé le ton, en lui disant que si l'un de nous devait être expulsé, ce serait elle ! J'aime répliquer au racisme de race par le racisme social. L'argument est idiot mais permet de bien remettre les choses en place.

Il faut parfois oser un truc présomptueux afin que ça fonctionne, tel Serge Gainsbourg brûlant un billet de 500 francs en 1984 sur le plateau de *7 sur 7* pour protester contre le taux d'imposition jugé excessif. Une fois, l'entrée d'une boîte de nuit m'a été refusée sans raison. J'ai demandé au vigile de faire venir son patron. J'avais sérieusement l'intention de lui racheter l'établissement, pour le simple plaisir de virer celui qui m'avait interdit l'entrée. Finalement, l'un des videurs a repéré ma grosse BMW et m'a fait rentrer. Je ne supporte pas ce côté « désolé, ça ne va pas être possible ». Je respecte tout le monde, j'aimerais que ce soit réciproque. En cas de racisme, je peux chercher à abaisser les gens, leur montrant ainsi que nous sommes mieux intégrés socialement qu'eux, que nous nous exprimons dans un français qu'ils sont incapables de maîtriser.

La ségrégation ne connaît pas de frontières. Il y a une quinzaine d'années, j'ai été invité à une soirée par ma banque. Lors de cette réunion de chefs d'entreprise, en présence de membres des consulats tunisien et marocain, j'avais pris la parole. Peu avant, en Algérie, le Front islamique du salut avait été dissous, le gouvernement ayant pris peur après la victoire du FIS aux élections locales et législatives. Je m'étais levé et j'avais choqué en déclarant que, si l'Algérie n'était pas forcément un modèle de démocratie, elle n'avait aucune leçon à recevoir de deux pays qui se prétendaient modérés et modernes : la Tunisie, où la dictature s'était imposée par un coup d'État, et le Maroc, une monarchie. Nous étions loin du printemps arabe !

Je ne vais pas me renier : quand j'écoute de la musique arabe, des paroles et des expressions m'émeuvent. Elles correspondent à des images qui me touchent. Mais ce n'est pas pour ça que je retourne en Algérie. Pour avoir du soleil, je préfère aller aux Caraïbes !

Je me souviens du vol Air Algérie pris dans mon enfance avec ma mère et qui avait eu quatre heures de retard. Dans l'avion, les gens priaient, craignant que l'on se crashe. Mes voyages en Algérie se comptent sur les doigts d'une main. J'y suis allé pour mon mariage et pour une série de deuils. Ma mère tenait à ce que je me rende sur place. Je me suis disputé avec tout le monde. Des membres de ma famille avaient été des *moudjahidin*, des combattants au nom de la religion musulmane. J'ai essayé de leur expliquer qu'ils avaient à mon sens été endoctrinés, que la guerre d'Algérie n'avait pas été gagnée militairement mais idéologiquement, sous la pression mondiale, et que, donc, le FLN (Front de libération nationale) n'avait aucune légitimité.

Mon discours ne passait pas. Ils revendiquaient une victoire par les armes. Nous avons failli en venir aux mains. Lorsque je leur ai demandé s'ils préféraient être dirigés par un héros de guerre nul en économie comme en politique, ou par un planqué aux idées brillantes capables de faire évoluer le pays, tous m'ont répondu le premier. Je trouvais ridicule de juger un dirigeant à l'aune de son attitude durant la guerre.

Le FLN occupe toujours le pouvoir en Algérie, à travers le président Abdelaziz Bouteflika. À une période de ma vie, j'ai envisagé de prendre la double nationalité. J'étais marié, j'étais à la recherche de mes origines. Je me suis rendu au consulat algérien, à Nice. Lorsque l'on m'a indiqué qu'il convenait de refaire l'armée, le débat a été clos. Je n'ai pas servi pour la France. Cela reste une énigme : je n'ai jamais été appelé sous les drapeaux. Le seul uniforme que je porte demeure, et c'est très bien comme ça, la veste du RCT.

Cette veste ne protège pas des insultes. Ni du racisme. J'avais choqué en assurant dans une interview[1] que si notre sport voulait se développer, il devait prendre en compte la nouvelle typologie de la France, « black-blanc-beur ». À la question de savoir si le rugby était raciste, j'avais répondu par l'affirmative, assénant que ce milieu était, à l'image de la France, franchouillard et conservateur. J'assume.

1. *La Provence*, janvier 2012.

Je me base sur les insultes reçues dans les stades, sur certains commentaires laissés sur des forums mais aussi sur des courriers adressés au club, dont je ne pense pas que les autres présidents aient récolté le même genre. Ces lettres, une dizaine par mois, sont souvent rédigées à la main, remplies de fautes d'orthographe et pas signées. Cela va de « vendeur de merguez qui ira brûler des voitures après le passage par la Commission de discipline, car c'est dans tes gènes » à « musulman complètement intégré, musulman complètement désintégré », de la « honte d'avoir un président arabe » à « salauds de Français qui ne pensent pas comme Boudjellal » en passant par « petit bougnoule tu es, petit bougnoule tu resteras. Tu ne seras jamais français. On finira par te corriger », le tout biffé d'une croix. Il y a de tout, comme l'envoi de ce sondage qui précise que pour 76 % des Français « l'islam progresse trop en France », et que pour 66 % des sondés « il y a trop d'immigrés en France ».

Je n'invente rien, hélas, comme cette missive qui cogne : « Si tu fais des prouesses, c'est grâce à notre argent, alors ferme ta gueule. Nous avons honte de toi, tu dis que notre cerveau est petit, tu ne t'es pas regardé dans la glace. Tu nous conseilles d'acheter des livres. J'ai acheté un livre, le Coran arabe, il dit que si tu veux des enfants, couche avec ta femme. Si c'est pour du plaisir, couche avec ton frère. Vous êtes tous des pédés, le monde entier sait que l'Arabe est né menteur, alors il est violeur d'adulte, assassin et égorgeur. »

Un autre ? « Si tu nous insultes encore, on te coupera les couilles et on te les fera enlever pour purifier ta petite mémoire crétineuse. Dernier avertissement. Nous exigeons des excuses publiques. Nous sommes supporters depuis trente ans et nous ne pouvons tolérer qu'on nous manque de respect. » Un dernier ? « Pourriture bougnoulesque, protège ta famille, ils vont crever. Les bougnoules sont tellement mieux quand ils sont morts. Vive la dictature syrienne qui massacre son peuple. Toujours ça de moins. » Celui-là était signé : *Sieg Heil*, c'est-à-dire le salut fasciste. J'ai déposé plainte.

Dans la BD, j'étais un éditeur énervant mais je ne recevais pas d'insultes. On pouvait dire qu'on n'aimait pas mes livres ou mon langage mais jamais il n'y avait d'allusion à mes origines. Ma façon de parler n'est pas un problème de race, mais de culture. S'il y a des problèmes dans les cités, est-ce parce que les gens sont pauvres ou arabes ? Pauvres, évidemment.

Ces reproches reçus au club sont rédigés par des frustrés qui jamais ne m'ont dit cela en face. De telles insanités sont nouvelles pour moi. Si plus jeune j'ai été confronté au racisme, ce n'était pas violent, notamment car je ne ressemblais pas trop à un Arabe, du moins à l'Arabe que l'on s'imagine, avec mes cheveux très raides à l'époque.

On m'a bien fait sentir dans le rugby que je ne venais pas du sérail. Paul Goze, président de la Ligue, glisse souvent qu'il a été joueur. Mais, même s'il s'en sort très bien, être un bon garagiste ne signifie pas que l'on sait diriger un garage : ce sont deux métiers différents. Affirmer que le rugby est conservateur n'est pas une insulte. Je ne peux que constater qu'il n'est pas très ouvert sur le monde, que contrairement au football il ne joue aucun rôle sociétal alors qu'il pourrait rapprocher des gens de différentes communautés. Peut-être que ce sport n'en a pas envie. C'est une attitude quasi criminelle de ne pas se donner les moyens d'une telle mission.

Le rugby incarne des valeurs qui peuvent être fortes dans les cités, comme la notion du collectif, celle du challenge, la défense du maillot, l'utilisation intelligente de l'agressivité. Je suis fier d'observer un rajeunissement de notre public, fier aussi quand je croise des jeunes porter le maillot du RCT plutôt que celui de l'OM. J'ai conscience d'être un Spoutnik dans le milieu du rugby !

Je suis juste l'éclaireur. Je reste fidèle à ma ligne de conduite, je préfère ça que d'être à une table avec des gens qui me tapent sur l'épaule parce que j'ai été consensuel en me retenant de dire ce que je pense. J'aime appeler un chat un chat.

Lors de ma sortie au vitriol sur le racisme dans le rugby, Abdelatif Benazzi, ancien capitaine du XV de France et comptant également deux sélections avec le Maroc, m'avait qualifié de personnage excessif[1]. Il assurait que le rugby restait un peu conservateur mais n'était pas raciste. J'ai pourtant retrouvé des interviews où il prétendait le contraire, avançant en avoir été lui-même victime sur le terrain. Il faudrait savoir ! En réagissant ainsi, il prouve qu'il vient manger à la gamelle de la Fédération, devenant lui aussi un apparatchik. Je ne suis pas fan du personnage mais je lui reconnais d'être un conteur extraordinaire, qui a un ton bien à lui, même s'il reste sous-utilisé dans le rugby.

J'ai été beaucoup plus gêné quand Benazzi a expliqué que, tandis que nous étions en discussion fin 2006 pour qu'il rejoigne le RCT au titre de conseiller, il m'avait trouvé curieux, impatient et hautain, jurant que, à bout, il avait quitté le repas avant son terme. Rectification : d'abord il avait terminé son dîner et, au lendemain d'une nuit à l'hôtel payée par Toulon, il avait assisté au match, en témoignent des images diffusées sur Canal + où il apparaît dans le vestiaire à la mi-temps. Il avait même émis l'idée de reprendre le

1. Dans *Sud Ouest*, l'ancien deuxième-ligne natif d'Oudja (Maroc), premier capitaine nord-africain de l'équipe de France, vainqueur du Grand Chelem 1997, avait déclaré à propos de Boudjellal : « C'est quelqu'un de très excessif. Il doit avoir un problème avec son enfance, il ne fait pas tout ça pour se faire plaisir. En fait, il me donne l'impression de ne pas savoir qui il est, ni d'où il vient. »

club et, entre autres, de l'emmener au Maroc. Ses attaques étaient tellement énormes que je n'avais pas pris la peine de répondre à celui dont Gilbert Doucet, alors notre entraîneur en Pro D2, me disait : « Ce mec ne nous servira à rien. »

Je n'ai pas trouvé beaucoup de monde pour me dire mes vérités en face. J'aurais du respect pour ceux-là. J'ai ouvert des portes, lancé des perches, elles n'ont pas été saisies. Il y a aussi ceux que j'ai allumés mais que je respecte davantage que ceux qui ne disent rien et n'en pensent pas moins. Marcel Martin, par exemple. Je n'ai pas ménagé, loin de là, l'ancien président de Biarritz, membre de la Commission mixte d'extension de la Fédération et de la Ligue. Mais lorsqu'il est tombé malade et a été hospitalisé, je lui ai envoyé un mot, lui enjoignant en substance de se rétablir au plus vite pour que je puisse continuer à l'emmerder et l'insulter ! J'ai été touché de le voir affaibli. Il était devenu une cible trop facile, lui qui avait tant de prestance. Quand je m'en prends à quelqu'un, c'est dans le cadre de sa fonction. En l'occurrence, je m'attaquais à la sphère dirigeante du rugby, basée non pas sur un système de compétences mais de connaissances.

Selon moi, entrer dans un réseau veut dire que l'on ne croit pas en ses qualités et ses capacités, que l'on n'a pas confiance en soi. Je n'appartiens à aucun clan, franc-maçon ou autre. Je suis simplement un gamin de Toulon. Être un enfant du pays m'a sans doute préservé des mauvaises rencontres et conféré un certain respect. Promis : malgré les fantasmes, je n'ai jamais été approché par le Milieu, que je ne fréquente pas. Ce n'est pas mon monde. En plus, là-dessus, je suis peureux, d'un naturel craintif pour mes proches. Le milieu local me respecte parce que je suis natif de Toulon tandis qu'un Parisien débarquant sur la Rade aurait peut-être été mis à l'amende.

Les renseignements généraux (RG) sont venus me trouver afin de savoir si j'avais eu des approches de personnages sulfureux. Non, jamais, aussi surprenant que celui puisse paraître. Mes finances ont été soigneusement épluchées. En quinze ans, j'ai dû subir plus d'une vingtaine de contrôles fiscaux et Urssaf. Cette année encore, toutes mes sociétés ont été contrôlées. Je ne l'ai pas été à titre personnel mais l'intégralité de mes revenus se retrouve dans mes sociétés.

Un jour que je garais ma Ferrari, un passant relevait ma plaque d'immatriculation. Je lui ai lancé qu'il pouvait noter le numéro, que j'avais la feuille d'impôts qui allait avec. Faire de l'argent au noir n'existe pas dans la BD. Quand on traite Toulon de club de voyous, je songe à la chanson de Philippe Clay[1]. Les grands voyous dans le rugby ne sont pas toujours ceux que l'on croit et portent bien souvent des costumes.

Il y a trois ans, quand le RCT s'est incliné en demi-finales du Top 14 contre Clermont, j'ai reçu un présent qui a pris des proportions étonnantes. L'un des frères Perletto m'avait offert une sacoche en cuir avec le logo du club. J'avais pris cela comme un cadeau, un hommage au beau jeu pratiqué cette saison-là par Toulon. L'objet m'avait été remis par un membre du personnel de la prison où il était détenu. Cela s'est ébruité. À ceux qui ont cru à une approche du Milieu, j'ai expliqué que ça relevait du fantasme. Même si le frère Perletto[2] – je ne me

1. Chanteur et acteur, disparu en 2007, Philippe Clay a signé en 1955 le tube « Les voyous », qui commence ainsi : « Les voyous ont les mains bien trop blanches / C'est pas eux qui casseraient des cailloux / Ils marchent en s´appuyant sur les hanches / Avec de la mollesse dans les genoux / Laissez passer les voyous / V'là les grands voyous. »

2. Pascal Perletto, alias Petit Vélo, était une figure du milieu. Il a été tué par balles en juin 2011, à 50 ans, dans le quartier du Cap Brun à Toulon

souviens plus duquel des deux il s'agissait – croupissait en prison, il avait quand même le droit de me faire un cadeau. À aucun moment il ne m'a demandé de lui remplir de billets la pochette envoyée ! Personne ne m'a jamais réclamé 10 % de la recette et cela n'arrivera pas. Je pense qu'il était tout simplement un véritable supporter du RCT, heureux de revoir le club en haut de l'affiche. Il devait s'emmerder dans sa geôle et nos matchs constituaient une respiration. Même en prison, on a le droit d'être un supporter de Toulon.

Un jour que je me promenais pas très loin du centre pénitentiaire de Toulon-La Farlède, j'ai croisé les prisonniers en sortie accompagnée. J'étais à une terrasse de café et ils se sont précipités vers moi pour prendre une photo. Ils étaient en mode évasion et, quelque part, j'étais leur complice...

alors qu'il était en liberté conditionnelle après une condamnation en appel à vingt ans de prison pour trafic de stupéfiants. Son frère cadet, Franck, dit Lucky Luke, est impliqué lui aussi dans le crime organisé. Après une tentative d'évasion spectaculaire avant son procès, il purge actuellement une longue peine à Clairvaux (Aube).

11

Petit précis d'éthique... et d'intérêt supérieur

J'ai été nourri à la culture Canal + des *Nuls* à *Groland*. Cette chaîne est l'héritière de personnages et d'univers que j'ai aimés, de Reiser à Jean-François Bizot, le fondateur d'*Actuel* et de Radio Nova, de Coluche à *Hara Kiri*, de Guy Bedos à Pierre Desproges, de *Fluide Glacial* à *L'Écho des Savanes*, revue de BD que j'ai failli racheter en 2006 avant de m'apercevoir que son propriétaire, les éditions Albin Michel, m'avait présenté les comptes sous un jour bien trop avantageux...

Canal, c'est ma génération. Mais, fin 2013, le Top 14 aura l'opportunité de renégocier ses droits, actuellement détenus par la quatrième chaîne. J'espère que, lors de l'appel d'offres, la concurrence, avec beIN Sport ou Sky Sports, s'aiguisera et fera grimper les enchères. Les dirigeants de Canal, pour ne pas augmenter leur offre, arguent qu'ils ont lancé le rugby il y a vingt ans. En matière de droit pénal, vingt ans, c'est la peine maximale. Ce serait bien qu'ils n'aillent pas au-delà en matière commerciale...

Canal correspond toutefois à l'image que je me fais du rugby. Éric Bayle, même s'il est fan de Bayonne, est un excellent commentateur. Il possède beaucoup d'humour, distille à l'antenne quelques messages au second degré que tout le monde ne perçoit pas.

Toulon touche 900 000 euros de droits par an, soit le même montant par exemple que Mont-de-Marsan. Je ne suis pas d'accord avec la mutualisation des droits. Aider les petits clubs, d'accord. Mais, avant de distribuer les richesses, encore faut-il les créer ! La performance n'est pas rémunérée : on perçoit tous une somme identique. Vraiment, je me sens exploité. Et la Ligue n'envoie pas forcément un bon message avec le *salary cap* et les JIFF, pouvant laisser croire que le niveau du championnat va baisser. Certes, les clubs sont en déficit mais tous ces déficits sont contrôlés par des mécènes. On en revient toujours au même problème, le nerf de la guerre : l'argent.

Par exemple, durant la Coupe du monde 2007 organisée par la France, les bénéfices ont été énormes. J'avais trouvé étonnant de s'en féliciter alors que des milliers de bénévoles avaient contribué au succès. Moi, si je dégage des bénéfices, je commence par payer les bénévoles. Le rugby est passé professionnel en 1995, mais beaucoup n'en ont pas fait le deuil. Le meilleur des amateurs ne sera jamais que le plus mauvais des professionnels. Finissons-en avec le cliché du « c'était mieux avant » ! Ce sport se repose trop sur des gros pardessus[1] présents depuis la nuit des temps, qui siègent dans une dizaine de comités ou de commissions. Pour ces notables, voilà l'occasion idéale de monter à Paris, d'abandonner « maman » et de se faire plaisir en gueuletons et autres plaisirs. Ça, c'est de la vulgarité.

Personne n'ignore l'existence dans le rugby de ces petits arrangements. Alors, quand on me parle de valeur et d'équité… Sous l'impulsion de Serge Blanco, le Top 14 a été cédé par la Fédération à la Ligue. Mais jamais la FFR n'aurait pensé

1. Expression qui désignait à l'origine les principaux dirigeants de la Fédération française de rugby.

que notre championnat deviendrait le meilleur du monde. Aujourd'hui, elle se demande si elle n'a pas lâché ses plus beaux bijoux de famille ! La Fédération se sent dépossédée de son bébé. Avec Pierre-Yves Revol, auquel a succédé Paul Goze, la LNR s'est efforcée de couper le cordon, d'obtenir une réelle indépendance. Mais ce n'est pas évident.

Je trouve ainsi anormal que la FFR garde la mainmise sur l'arbitrage. C'est un manque de respect pour les clubs. J'ai, malgré les apparences, de bonnes relations avec les hommes en noir. Ils ont mis du temps à se rendre compte que je les défendais, à ma manière, les considérant comme les cocus du développement de l'économie du rugby. À force de rabâcher, leur rémunération a été augmentée et je n'ai pas reçu de lettre de remerciement ! Je milite pour que les arbitres deviennent professionnels, au moins ceux du Top 14. Qu'ils constituent un véritable corps d'élite, qu'on leur donne les outils nécessaires pour échapper à nos colères, et qu'ils soient rattachés à une structure indépendante tout en étant liés au championnat.

Jusqu'à la saison dernière, ils ne bénéficiaient d'aucune note de frais. Je ne comprenais pas pourquoi, après les matchs, ils préféraient faire cinq-six heures de voiture plutôt que de dormir à l'hôtel. En réalité, ils n'étaient pas remboursés. Aujourd'hui, des arbitres assument leurs erreurs. C'est une bonne chose, ça les humanise. Malgré tout, je continue à déplorer des aberrations sur le terrain. Au-delà des hommes en noir, certains commissaires à la citation, qui supervisent les arbitres durant les matchs, sont soit incompétents, soit malhonnêtes. Bientôt, il faudra les faire citer eux-mêmes ! Je côtoie de nombreux arbitres. La grande majorité est honnête. C'est un métier difficile, la pression est intense.

Comment accepter qu'un président de club soit aussi le vice-président de la Fédération, qui dirige les hommes en noir ? Pas facile, alors, de sanctionner Biarritz, même inconsciemment. Je suis aussi étonné qu'un entraîneur du Top 14 commente leurs performances à la télévision durant le Tournoi des Six Nations, distribuant les bons et les mauvais points. Il ne me paraît pas absurde non plus que les arbitres puissent être sanctionnés en cas de fautes. Nous devrions avoir le même niveau d'exigence pour eux que pour les joueurs.

J'ai dîné avec Didier Mené, président de la Commission centrale des arbitres, quelqu'un de bien. Il remplit sa mission du mieux qu'il peut mais, compte tenu des enjeux du rugby et du poste stratégique qu'il occupe, il devrait être salarié de la FFR plutôt que de l'être d'une entreprise de raffinerie dans les Bouches-du-Rhône. La Fédération cherche à garder le contrôle sur le championnat par l'arbitrage.

À la fin d'un match contre Grenoble, j'étais allé m'excuser auprès d'un arbitre à qui j'avais tenu des propos virulents. Il avait pris le sifflet pour la dernière fois et en avait profité pour me confirmer qu'il recevait des consignes, des coups de fil, que sa corporation était sous influence et qu'il était préférable en vue d'une promotion d'avantager telle ou telle formation… Je ne suis pas paranoïaque, ni mauvais perdant, je me base sur des faits avérés. L'arbitre a le pouvoir d'influencer le score et ce pouvoir doit en exciter quelques-uns.

À Toulon, nous nous efforçons de les accueillir du mieux possible, ils ont un local pour eux remplis de photos d'arbitres en action, histoire de les flatter. Comme lorsque l'inspecteur des impôts débarque, on se met à rigoler à leurs blagues même quand elles ne sont pas drôles, on leur demande des nouvelles, on s'intéresse. On les invite aussi à déjeuner, on leur offre des bouteilles. De petits souvenirs, non pas pour les soudoyer, juste pour qu'ils témoignent que l'on est bien reçu sur la Rade. En tout cas, tant que la FFR ne lâchera pas l'arbitrage, cela restera un truc d'amateurs, dirigé par des

« gens en noir et blanc » qui planchent sur un avenir qu'ils ne verront pas. Il faudrait un grand nettoyage.

Cette saison, après une courte défaite à Clermont, j'avais rappelé que les Auvergnats avaient inscrit leur premier essai sur un en-avant de 3 mètres. J'avais aussi surnommé l'arbitre « Bioman », car il était capable de savoir, même après le ralenti, que la main de Giteau était intentionnelle, occasionnant la dernière pénalité sifflée. C'était du second degré, je l'avais comparé à un superhéros des temps modernes, enfilant ses collants rouges et une cape bleue dans une cabine téléphonique installée dans le vestiaire. Rien de très méchant. Une défaite en février 2013 contre Castres, où le RCT avait été sanctionné de douze pénalités, dont deux avaient poussé l'arbitre à sortir le carton jaune, m'avait valu d'ironiser sur ce personnage qui semblait aimer arbitrer les clubs des anciens présidents de la Ligue !

Mais rien à voir avec le clash que j'ai eu avec Christophe Berdos. Ce type, il y a quelques années, était une machine. Il était le meilleur, ne se trompait jamais. D'un coup, et j'ignore pourquoi, son niveau a baissé. L'arbitrage, c'est de l'humain. En janvier 2012, je l'avais attaqué en lui reprochant son arbitrage face à Clermont, notamment pour avoir validé un essai qui ne le méritait pas. J'avais alors évoqué une « sodomie arbitrale », ma deuxième contre Clermont. « Il paraît que ça fait mal la première fois mais ça fait aussi mal la deuxième, avais-je ajouté. On pourra revoir les images non pas sur YouTube mais sur YouPorn ! » Un tollé.

Forcément la Ligue n'a pas goûté mon humour. L'arbitre avait reconnu un carton jaune sévère, j'avais apprécié son honnêteté, m'excusant si je l'avais blessé. J'ai ensuite été convoqué par la Commission de discipline de la LNR car son président estimait, malgré mes excuses envers Berdos, que j'avais insulté le rugby, m'en prenant à son intérêt supérieur ! L'Union nationale des arbitres de rugby m'avait aussi attaqué en diffamation.

Le 25 janvier, j'ai été condamné à cent trente jours de suspension par la commission de discipline – comme si j'avais frappé quelqu'un ! – et suspendu pour « atteinte à l'image du rugby, à l'éthique et à la déontologie sportive ». Selon les termes de la décision, je me retrouvais privé d'accès, lors des matchs officiels, à l'enceinte de jeu – comprenant le terrain, la zone mitoyenne entre le terrain et le public, ou encore les vestiaires des équipes et des arbitres – ainsi qu'au couloir d'accès à ces zones. La sanction n'était pas en rapport avec ce que j'avais dit, mais davantage avec ce que je représentais. Ainsi, on pouvait m'empêcher de parler à mes joueurs, qui étaient aussi mes employés. Quitte à faire preuve d'humour et de vécu cinématographique, la Ligue aurait dû me condamner à cent vingt jours, référence au film *Salo ou les 120 Jours de Sodome*, adaptation de l'œuvre du marquis de Sade par Pier Paolo Pasolini !

Je me suis rendu seul à la LNR, sans avocat. J'ai accepté la sanction et je me suis bien tenu. J'avais vraiment mesuré l'impact de ma déclaration sur la « sodomie arbitrale » en descendant du taxi pour me rendre à mon audition : une cinquantaine de journalistes étaient présents. J'ai plaidé ma cause en digressant sur ma métaphore, que je trouvais finalement élégante et qui montrait que j'avais de la culture, ce dont semble dépourvu le rugby. J'ai essayé d'expliquer que j'avais réagi ainsi car j'avais eu le sentiment d'un viol de mon travail et de mes rêves. En réalité, je n'avais pas compris que la commission allait décider de la morale. À cet égard, je n'ai aucune leçon à recevoir sur le sujet. On jugeait les effets de ma sortie, pas la cause ! J'assume ce que j'ai dit, même si je me serais passé du fait que ma mère me demande ce que signifiait sodomie ! Encore une fois, je pense que les mots ne sont pas vulgaires, à la différence des actes.

Je me souviens d'un éditorial paru dans *L'Équipe Magazine*. Le rédacteur en chef expliquait que, finalement, la sortie de Patrick Wolff à mon encontre avait des relents plus détestables. Le vice-président de la Ligue, ancien vice-président exécutif de Clermont, avait glissé ce sous-entendu : « Il faut se poser la question de savoir si on accepte n'importe qui ou n'importe quel club dans notre championnat. » C'était une maladresse, Wolff s'en est expliqué et nous nous sommes réconciliés.

Reste que, pendant mon audition à la commission de discipline de la LNR, je me serais cru dans un épisode de *Groland*. Des gens m'ont expliqué ce qui était bien ou mal, puis m'ont pardonné. La sanction et le pardon, conformément à la tradition chrétienne. J'ai demandé à ce que mon audition soit filmée, cela m'a été refusé. Je voulais exposer au public leurs lacunes, montrer l'envers du décor de cette caricature.

Il y a eu des scènes homériques. Un des membres de la commission m'a indiqué qu'on m'avait vu téléphoner, faisant le geste du combiné et du cadran qui tourne. Un autre m'a lancé : « Alors comme ça, il paraît que nous sommes de vieux ringards ! Sachez que cela fait cinquante-cinq ans que je suis dans le rugby ! » Mais justement. Cinquante-cinq ans, ça ne lui suffisait pas ? Le représentant des arbitres était un monsieur très gentil, plus jeune que moi. Mais il m'avait fait peur : il portait des baskets avec son costume-cravate... Quant au président de la commission, François Guers, sosie de Dominique Strauss-Kahn, qui donne des coups de langue dès qu'il parle, il m'avait juré que les cent vingt jours constituaient une forme de confiance car il était persuadé que Toulon irait en finale du Top 14. Ma sanction s'arrêtait le 3 juin, six jours avant le bouquet final. Si Jules-Édouard Moustic, le présentateur de *Groland*, avait assisté à la scène, sûr qu'il aurait embauché sept ou huit membres de la commission pour figurer dans ses sketches ! Tous ne sont pas à mettre dans le même sac. Pierre-Yves Revol, alors président de la Ligue, est tout sauf un crétin. Mais il était prisonnier du système.

La sanction a été violente à vivre. Elle m'a ôté une partie de la joie et de l'émotion des succès acquis en phase finale, moi qui avais rêvé à une qualification pour l'ultime marche depuis des années. Je n'avais pas le droit d'aller dans le vestiaire et, quand je retrouvais les joueurs, l'euphorie était retombée, le « Pilou-Pilou » achevé. J'étais également privé du terrain et des conférences de presse. En revanche, pour la finale, comme j'y étais de nouveau autorisé, j'ai foulé avec jubilation la pelouse du Stade de France.

Durant ma suspension, j'ai été confronté à des problématiques que je n'avais pas anticipées. Par exemple, les jours de match, j'avais l'habitude de garer ma voiture dans le parking de l'hôtel où étaient rassemblés les joueurs. Puis je montais dans le bus et j'arrivais avec eux au stade, 1 h 30 avant le coup d'envoi. Je n'y avais plus droit. Alors je restais seul dans ma voiture. Plongé dans le noir, dans le parking, j'écoutais de la musique. C'était très long ! Je rentrais dans l'enceinte en même temps que les spectateurs. Quelque part, c'était humiliant, en tant que président, de faire la queue à la pissotière. Les gens étaient sympas : ils me laissaient passer ! Me remettre à l'état de simple supporter était voulu.

D'autres aspects se sont révélés plus agréables. J'ai pu ainsi constater de près le bonheur que l'on pouvait procurer au public. Parmi ceux chargés de surveiller, deux bénévoles de la Fédération, dont l'un était un ancien policier arborant le visage d'Eliot Ness. Quand il me dévisageait, je me sentais dans la peau d'un truand, comme Al Capone traqué par l'Incorruptible ! Il vérifiait partout que je ne m'étais pas caché quelque part, y compris dans la cabane du gardien du stade ! Il n'avait pas compris, hormis pour la demi-finale, et même s'il n'y avait personne pour m'épier, qu'il n'était pas question que je transgresse le règlement et que je mette, ne serait-ce qu'un doigt de pied, sur la pelouse ou dans le vestiaire. Je ne souscrivais pas à la sanction mais j'entendais la respecter.

Cette surveillance accrue était une vexation. Ceux qui l'ont exécutée ont dû transmettre un rapport exemplaire. Sauf un. Cela s'est déroulé à Lyon, lorsque j'ai voulu emprunter un court chemin qui menait certes au vestiaire mais qui me permettait surtout de rejoindre rapidement ma femme et des amis. Je n'avais pas envie de faire un grand détour. Le bénévole de la Fédération a alors eu le malheur de poser sa main sur mon épaule.

C'est là que je me suis défoulé. Je voulais lui montrer qu'il n'était pas au niveau, alors je me suis fait plaisir et j'ai décidé de l'humilier devant tout le monde. Je lui ai lancé que le premier signe d'intelligence quand on lisait était l'interprétation, pas la lecture. Sans doute n'avait-il pas été à l'école ! Je l'ai prié de retirer immédiatement sa main poisseuse, lâchant qu'il n'y avait pas un centimètre carré dans ce pays, au vu des impôts que je payais comparés aux siens, où je n'avais pas le droit de me rendre. J'ai ajouté qu'il n'avait aucune légitimité pour agir ainsi. J'étais hors de moi. Les gens autour ont pris mon parti. Il pouvait bien noter que j'avais enfreint le règlement, ce qui m'aurait rajouté au pire quinze jours de sanction, il n'avait pas à me toucher, singeant une répression policière. Je n'étais pas un délinquant, même si j'avais employé le terme de « sodomie arbitrale ».

Malgré mon jean, mon caractère et mes dérapages, il ne fallait pas oublier que j'étais avant tout un chef d'entreprise ayant démontré, je crois, ses capacités. Personne dans le rugby ne pouvait contredire cela. Je méritais un minimum de respect, tout de même.

J'étais encore sous le coup de ma sanction quand, en mai 2012, j'ai de nouveau croisé François Guers, le président de la commission de la Ligue. C'était à Londres, à l'occasion de la finale du Challenge européen, perdue face à Biarritz (18-21), Dimitri Yachvili inscrivant tous les points des Basques. Je devais participer à une interview pour une télévision avec Serge Blanco, mon homologue biarrot. La chaîne voulait réaliser l'entretien sur la pelouse. J'ai décliné car je n'y étais pas autorisé, avançant que l'on pouvait faire ça en tribunes. « Avec moi, tu as tous les droits », m'avait lancé Blanco. Nous l'avons finalement effectué dans les tribunes.

Lors de la réception d'avant-match, Blanco a voulu se montrer encore plus aimable. Il m'a invité à le suivre. Nous sommes passés devant tous les officiels et devant ceux qui me surveillaient. Nous sommes rentrés dans le vestiaire de Toulon, ce que je n'étais pas censé faire, puis en salle de conférence. Personne n'a rien dit. Blanco l'a-t-il fait sciemment, dans l'idée de m'impressionner ? Je l'ignore. Je ne le pense pas, d'ailleurs, je crois qu'il voulait surtout me faire plaisir. Reste que j'ai assisté à une réelle démonstration de force et de pouvoir. J'avais aussi compris, à ce moment-là, que je ne gagnerais pas cette finale ! Nous étions dix fois au-dessus et nous avons perdu.

En suivant Blanco dans les dédales du stade, j'ai croisé dans son pantalon en tergal serré le shérif François Guers, qui n'a rien trouvé à redire non plus ! Quand je dénonce les vieux dirigeants de mon sport qui se liquéfient et en sont encore au Minitel, c'est une façon de pointer du doigt un état d'esprit. La vieillesse, c'est dans la tête, pas une question d'âge. À l'image de Compay Segundo ou Ibrahim Ferrer, ces merveilleux musiciens cubains auxquels Wim Wenders a su si bien rendre hommage dans son film *Buena Vista Social Club*. Pour moi est « vieux » celui dont tous les rêves font partie du passé ; comme si les revivre permettait de rajeunir. Ceux qui essaient de changer les choses ne sont pas responsables du temps qui passe. On devient vieux en cherchant à rentrer dans le système par commodité, par exemple en agissant avec pour seul objectif d'obtenir une promotion. C'est le mode de fonctionnement privilégié dans le rugby.

12

Serge, Jacky, René, Mohed et les autres

En bas à gauche sur la carte. Voilà où se concentrent essentiellement les clubs de rugby en France. C'est un problème. Pour élargir la palette, pour mieux répartir les forces, afin que des villes comme Marseille, Lille, Strasbourg ou Nantes s'y mettent, je suis favorable à la naissance d'un Top 16. Huit ou neuf clubs étant intouchables ou presque dans le championnat, j'imagine cette solution pour créer un appel d'air, pour faire de la place à de grandes agglomérations. Cela s'inscrit dans une réflexion nationale. J'énerve, toutes mes idées ne sont pas bonnes, mais je porte un regard neuf sur le rugby, avec une forme de fraîcheur que beaucoup ont perdue.

Le calendrier est déjà surchargé et on se plaint suffisamment des doublons quand le XV de France dispute le Tournoi des Six Nations. Mais libérer des dates pour la sélection n'est pas mon problème. En fait, si j'avais véritablement le choix, davantage qu'un Top 16, idéal pour la France, je prônerais l'émergence d'un Top 12, accompagné d'une véritable Coupe du monde des clubs. Mon plan : organiser tous les ans un tournoi mettant aux prises les quatre demi-finalistes de la H Cup et les quatre demi-finalistes du Super 15. Le choc hémisphère Nord contre hémisphère Sud. Au choix deux poules de quatre, ou un tableau final avec quarts, demis et finale. Un Top 12 offrirait des dates. J'ai envie de savoir quel est le plus fort entre le Nord et le Sud, sachant que l'Europe a comblé en partie son retard. Franchement, une affiche Toulouse contre les Néo-Zélandais des Crusaders, avec les effectifs au complet, cela aurait de la gueule. Avec à la clé de l'événement un trophée, de vrais enjeux. Cette compétition serait libre de droits. Tout serait à créer : j'adore ça, partir de zéro !

Cela va sans doute vieillir Max Guazzini, mais je suis l'un de ses héritiers. D'autres également présentent des profils atypiques, comme si un vent nouveau soufflait – pas trop fort, pas trop vite quand même – sur le Top 14. Nous sommes quelques-uns à prouver que ce sport ne vient pas uniquement du Sud-Ouest, que la génération cassoulet n'a pas l'exclusivité. Le rugby a changé. Toutes les énergies et les idées nouvelles sont les bienvenues. Moi je suis dans l'émulation. Un club concurrent qui recrute beaucoup me stimule, c'est une saine bagarre. Je ne suis pas envieux, j'ai au contraire envie d'être à la hauteur. L'uniformité est le début de l'emmerdement.

Nous sommes différents avec Jacky Lorenzetti et Mohed Altrad, les patrons respectifs du Racing-Métro et de Montpellier. Mais nous avons un point commun : notre effarement devant le mode de fonctionnement de l'Ovalie. Lorsqu'on vient du monde de l'entreprise, des aberrations de gestion sautent au visage, beaucoup ont le nez dans le guidon et ne prennent pas de hauteur. Jusqu'à récemment, les forces étaient clairement établies. Toulouse, Castres, Clermont, Biarritz et le Stade Français se partageaient le gâteau. Cinq clubs pour quatre places en demi-finales : le suspense était court ! Cinq équipes riches mais prenant plaisir à se la jouer misérabiliste, comme si seul le talent les avait guidés.

Très tôt, j'ai désigné ceux qui avaient de l'argent mais s'échinaient à ne pas le montrer. Certains bénéficient d'une économie dans le rugby qui ne correspond pas à la réalité de leur travail. Je n'ai pas investi pour garantir une paix sociale là où se trouve mon siège. Si d'autres que moi ont mis la main à la poche, j'ai le sentiment que l'on s'est focalisé sur moi. Sans doute car je n'ai pas le look, ni les codes et que je viens du milieu de l'édition. J'ai été le mécène du RCT mais, ce que beaucoup ne comprennent pas, c'est que le club peut vivre sans moi. En revanche, sans Serge Kampf, créateur et président de Cap Gemini, numéro un en Europe dans le domaine du service informatique, Biarritz aura du mal. Idem pour l'ASM Clermont Auvergne sans Michelin ; ou Castres Olympique sans les laboratoires Pierre Fabre. Mais cela ne me dérange absolument pas.

Je suis devenu président de Toulon en 2006, comme Jacky Lorenzetti au Racing-Métro 92, nos deux clubs démarrant en Pro D2. C'est un homme authentique dans sa démarche, dont la réussite entrepreneuriale n'est plus à démontrer[1]. Il a de l'humour et j'arrive un peu à le décoincer. Il s'occupe par ailleurs d'associations mais sans le claironner, avec discrétion. La classe. En revanche, il n'a toujours pas compris que le rugbyman n'est pas un salarié ordinaire.

Lors d'une réunion à la Ligue, quand Provale – l'union des joueurs de rugby professionnels – a soutenu Max Guazzini, il m'a glissé : « On ne va quand même pas voter pour un candidat soutenu par un syndicat de salariés ! » Son côté décalé m'amuse. Lorsque ses joueurs l'an passé se sont rebellés contre Pierre Berbizier, il m'a confié au café : « Tu n'imagines tout de même pas que ce sont les salariés qui vont me dicter ma conduite. » Après tout, peut-être n'a-t-il pas tort.

1. 169e fortune de France au classement *Challenges* 2012, l'ancien fondateur et PDG de Foncia a revendu son réseau d'agences immobilières. Il a réinvesti dans le sport, le vignoble et la foncière Terreïs, introduite en Bourse depuis 2006.

Nous avons investi des sommes conséquentes, luttant avec vigueur pour créer un modèle économique. Nous avons pris des coups, incarnant le symbole de l'afflux d'argent et de joueurs étrangers, considérés comme des pigeons qui veulent se faire un nom et ne comprennent rien. Puis nous sommes parvenus à instaurer une sorte de contre-pouvoir et à redistribuer les rôles.

Jacky ne veut pas être le Che Guevara du rugby mais, sous des dehors policés, il est souvent plus virulent que moi à la Ligue. Je l'ai déjà vu quitter la salle très en colère. Je l'aime beaucoup mais si je peux lui mettre 40 points ou lui piquer un joueur, je n'hésiterai pas. C'est le jeu. S'il devient champion il ne l'aura pas volé. Il est venu au rugby par sa belle-famille, originaire du Sud-Ouest, et a attrapé le virus.

En novembre 2012, nous avons retiré, Jacky et moi, notre candidature du comité directeur de la LNR. Un seul investisseur y figure, Alain Tingaud à Agen, les autres membres du collège des représentants des clubs du Top 14 étant René Bouscatel (Toulouse), René Fontès (Clermont), Paul Goze (Perpignan) et Marc Chérèque (Grenoble).

Ce dernier est le frère de l'ancien leader de la confédération syndicale. Interrogé un jour sur le fait de savoir s'il était un président tel que moi, je l'ai entendu répondre : « Non, ce n'est pas mon genre. Je préfère rester en tribunes pendant le match. » Sauf que Chérèque, ancien ingénieur, est salarié du club, représentant du grand capital, soutenu par Serge Kampf, originaire de la ville. Sans cela, il ne serait peut-être même pas en tribunes mais suivrait les rencontres devant la télévision... Si demain Grenoble perd de l'argent, Chérèque va-t-il se délester d'une partie de sa fortune personnelle pour couvrir les pertes ? Non. C'est mon cas à Toulon. Il a raison : il n'est pas un président comme moi !

Encore une fois, on m'a fait passer pour un président surexcité, me reprochant de vivre les rencontres de mon équipe depuis la pelouse. Je remarque toutefois que de plus en plus de dirigeants délaissent les petits fours pour être au plus près de l'action. Un président qui n'investit pas lui-même, au moment de bâtir son budget, aura tendance à être frileux, afin de passer une saison paisible. Si vous êtes entrepreneur, vous allez fixer le curseur au-dessus du cours envisagé.

Moi, j'augmente encore plus, je prends le maximum de risques. Je suis dans l'hyperperformance. Si l'objectif n'a pas été atteint, ce sera mon problème. Je me le prendrai dans la gueule et charge à moi de remettre du pognon. Mais j'ai besoin de cette adrénaline. En descendant sur le terrain, j'ai le sentiment de davantage participer aux choses. Rendez-vous compte : on s'escrime toute l'année à bâtir un budget et on confie tout cela à quinze garnements ! Il faut parfois être inconscient.

Le RCT, c'est ma boîte, mon bébé. Suivre un match est une douleur physique, tellement je suis stressé et dans un état second. La mi-temps me permet de reprendre mon souffle. À Toulon, l'attente pour le titre de champion est si longue que j'ai l'impression que tous les yeux sont fixés sur moi. Je suis porteur d'un espoir. Le poids de la déception à chaque défaite est lourd à endosser. Je le prends pour moi, comme lorsque j'ai entendu Mayol me siffler après une défaite contre Tarbes : je m'étais volontairement retrouvé seul au milieu de la pelouse afin de cristalliser les rancœurs.

Je conçois mon rôle de président comme partie prenante d'un spectacle. Il y a eu une période où je m'asticotais gentiment avec l'entraîneur d'Auch, Henry Broncan. Je l'aimais bien, on s'allumait dans la presse. Je lui demandais même d'être plus sévère avec moi. J'apprécie ce côté ring de boxe. C'est du jeu. Le public achète son billet pour assister au match, disons que j'essaie de pimenter le show. J'ai conscience d'irriter les coincés du rugby.

Clermont a par exemple une philosophie totalement à l'opposé de la mienne. Même si je l'avais trouvé très digne après une défaite en finale du Top 14, je n'ai pas de sympathie particulière pour leur président, René Fontès. Il a de la prestance, porte beau pour ses 71 ans, il est maire d'une petite commune des Bouches-du-Rhône, a fait sa carrière chez Michelin jusqu'à en être directeur Europe. Mais si je suis Rigolus, lui c'est Tristus[1] ! Les gens tristes m'ennuient. On est vieux aussi quand on est trop sérieux. Si je lui reconnais d'être un bon gestionnaire, très rigoureux, Fontès doit être du genre, je l'imagine ainsi, à enfiler son pyjama quand il rentre chez lui. Parfois, j'ai envie de lui dire : « Mais marre-toi, déconne un peu, sors, bois un coup. »

Pour le piquer au vif, j'avais annoncé en rigolant que la réception organisée par Clermont était celle que je ne ratais sous aucun prétexte puisqu'il y avait des filles, des *table dance* et de la cocaïne qui traînait. Il n'avait pas réagi. Que l'on soit si contraires m'amuse. Il n'est pas interdit de sourire de ces différences, et il a le droit de m'envoyer deux-trois vannes, plutôt que de la jouer discret sur l'argent, ce qui semble être dans la culture moralisatrice de Michelin. Je fonctionnais ainsi avec Claude de Saint-Vincent, le PDG de Dargaud, formé à HEC, foi chevillée au cœur, qui croit en Dieu et les anges. Nous étions totalement antinomiques mais nous nous appelions souvent, échangeant durant des heures. Lui n'était pas triste, pas comme Fontès.

1. *Les Rigolus et les Tristus*, soit une série de BD imaginée et réalisée par Jean Cézard (*Arthur le fantôme justicier*), parue entre 1969 et 1973 dans *Pif Gadget*.

Je ne déteste pas Clermont. Leur projet de développement est cohérent. Je les soutiens en Coupe d'Europe. Leurs supporters sont enthousiastes mais ce ne sont pas les meilleurs de France, contrairement à ce qu'ils prétendent. Le prix des places pour le stade Marcel-Michelin est très peu élevé grâce au comité d'entreprise de Michelin qui investit pour faire baisser les tarifs.

Lors de la demi-finale du Top 14 perdue, j'avais croisé certains de leurs supporters. Certains m'avaient adressé des doigts et des bras d'honneur. Il faut se calmer : si demain la France est envahie, nous nous battrons côte à côte. L'an passé, avant la demi, cette fois remportée, à Saint-Étienne, un autre aficionado clermontois avait baissé son pantalon pour m'exhiber ses fesses. Je l'ai d'ailleurs recroisé après le match... Clermont a de l'argent, tant mieux, mais pourquoi tant de mystère ? Ce n'est pas une maladie honteuse...

Le Stade Toulousain, lui, a le plus gros budget de France. Le club 19 fois champion est, avec Perpignan et le RCT, le seul du Top 14 à ne pas être sous perfusion d'un mécène. Mais, comme Clermont, il n'a pas le monopole du talent. J'avais été agacé par l'allusion au paiement des joueurs sur des comptes offshore. C'était de la grande parano. J'étais éditeur de BD, vendant des livres à 12 euros, je ne donnais pas dans le trafic d'armes ou de drogue ! J'étais embêté par cette association d'idées, comme si nous ne pouvions pas être à la hauteur par notre intelligence dans le recrutement ou la stratégie.

Nous avons eu une prise de bec médiatique en décembre 2012 avec René Bouscatel, ancien avocat, à la tête du Stade depuis 1992. J'avais tancé à ma manière leur façon de gérer leur budget et leurs comptes, il avait répliqué sèchement, parlant d'attaques puériles et infantiles. Nous nous sommes parlé et cela s'est arrangé. Le Stade a reconnu que nous avions quelques compétences. Toulouse n'était pas habitué à avoir de la concurrence. Le mythe perdure, la machine a gardé son efficacité, nous avons toujours peur à l'heure de les affronter, mais le Stade est désormais un gros parmi d'autres. Cela dit, il reste un très gros quand même.

Mohed Altrad[1] est le président du Montpellier Hérault depuis mai 2011, après avoir sauvé le club du dépôt de bilan, mettant notamment 6 millions d'euros pour éponger les pertes. Le journaliste crétin de *Midi Libre* qui avait dénoncé le rôle de l'argent à Toulon, expliquant dans son article qu'il ne « pouvait pas en dire plus, de peur de finir les deux pieds dans le ciment dans le port de la ville », le sait-il ?

Mohed est intelligent, il a publié des romans chez Actes Sud, le Gallimard du sud de la France. Au début, il était largué. Il possède la sagesse orientale, alors il a pris son temps pour comprendre, s'est fait d'abord un peu balader. Il a longuement observé les choses puis est entré en action. Son attache au rugby tient surtout à la relation que ses enfants ont avec ce sport. Il s'est pris au jeu et j'avais trouvé humiliant que Serge Kampf assure qu'il ne connaissait pas la moitié de ses joueurs. Mohed n'a jamais revendiqué d'être un président omniscient. Je le sens capable de faire un gros coup une année, puis de partir après la quête du Brennus. Je crains qu'il ait trop d'envies à accomplir pour se limiter au rugby. Il est doté de qualités que je ne possède pas : il est politique, diplomate, peut dégoupiller pas mal de monde du rugby sans que ceux-ci ne s'en aperçoivent. Je suis un franc-tireur, lui est plus subtil et fin. Le recrutement

1. 118e fortune professionnelle de France en 2012, selon *Challenges*, ce fils de Bédouins né en Syrie dirige un important groupe spécialisé dans le BTP qui porte son nom.

déjà enclenché pour la saison prochaine – Nicolas Mas, deux All Blacks, un Australien, un Écossais – promet. Il est en train de bousculer les choses. Sera-t-il assez patient ?

À Montpellier, il s'appuie sur un excellent coach : Fabien Galthié. Ne jamais lui avoir confié l'équipe de France est une injustice. Il aurait largement mérité de diriger la sélection. C'est un garçon intéressant, qui dénote dans le rugby. Je lui reconnais des compétences hors norme. Il est une sorte de Boris Bergman, le parolier d'Alain Bashung : on ne comprend pas tout ce qu'il dit, il donne l'impression de s'arrêter sur un mot, de repartir, de le répéter, adoptant l'air absent, la distance du poète. Pourtant, ceux qui négocient en affaires avec lui savent qu'il est loin de l'artiste désintéressé.

Allure de gendre idéal, Galthié s'installe dans le rôle du dandy. Il adopte parfois des postures étonnantes. J'ai du mal à savoir véritablement ce qu'il pense. Il cache bien son jeu. Je ne lui donnerais pas mon club à gérer car, en revenant, je ne serais pas sûr qu'il m'appartienne encore !

À l'occasion d'une rencontre à Toulon, nous avions diffusé un morceau de Noir Désir. Il m'en avait félicité, expliquant qu'il adorait le groupe. L'échange était sympa. Et en conférence de presse d'après-match, le même m'avait assassiné, dénonçant le RCT comme obsédé par l'argent ! La rengaine habituelle. Il nous avait traités de « rapaces » mais il l'est aussi. Pourtant j'aurais aimé bosser avec lui, je le lui ai dit. Lorsque j'ai recruté Laporte, il m'a confié : « Bernard va faire de Toulon une machine à gagner. C'est le meilleur. »

Aujourd'hui, grâce à Altrad, Montpellier est plus riche que nous. Son adjoint, Éric Béchu, est mort en janvier 2013 d'une longue maladie. Lui était un type très bien. Lors de l'altercation en septembre 2011 entre Olivier Missoup et Rémy Martin, qui s'étaient battus à la réception d'après-match, autant Galthié était surexcité – j'avais moi-même dans le feu de l'action tenu des propos déplacés à l'égard de Martin, que je regrette et pour lesquels j'ai été condamné… –, autant Béchu avait été neutre et modéré. Sans lui, cela aurait pu tourner au pugilat. J'ai été attristé par sa disparition. Je le voyais plein de vie, je le pensais vainqueur de son combat. Montpellier lui a rendu hommage en nous battant en Coupe d'Europe juste après son décès. Malgré la minute de silence, j'avais trouvé leur joie indécente après leur essai, de même que la chenille entamée dans le vestiaire pour la qualification. Porter le deuil jusqu'au bout aurait été à mon sens plus respectueux. Chacun réagit à sa manière.

Prenez le public de Mayol. En mars 2010, le RCT se mesurait à Biarritz. Nous l'avons emporté d'un point grâce à un essai à une minute de la fin. Pour célébrer le succès, le stade avait envoyé son premier lancer de journaux, une tradition qui se poursuit à chaque bonus offensif. Le matin du match, Serge Blanco m'avait taillé, avançant que je n'avais encore rien gagné. Ces journaux pliés en boule et lancés datent de là. Pour le président de Biarritz, j'avais inventé un proverbe « mouradien » : « Quand tu t'exprimes dans la presse le matin, gagne l'après-midi ! »

Après les attaques de Blanco, Serge Kampf, le mécène du BO et véritable amoureux du rugby, m'avait appelé sans numéro masqué et, plein d'humilité, avait reconnu que Blanco n'aurait pas dû parler ainsi.

Président de la Ligue nationale durant dix ans, vice-président des Barbarians, numéro deux de la Fédération française en charge de tous les dossiers stratégiques, Blanco, c'est une évidence, sera le prochain président de la FFR. C'est écrit et ce ne sera pas immérité. Il fait peur à tout le monde. Son pouvoir effraie, comme tout pouvoir unique.

Au cours de ma première année dans le rugby, en Pro D2, il m'avait encouragé à policer mon discours, à rentrer dans le rang. Cela me rappelle l'avertissement d'un haut responsable au Vélodrome qui m'avait balancé lors d'un match : « Si tu fermes ta gueule, tu monteras en Top 14. Si tu l'ouvres, on t'enverra des méchants et ce sera alors très dur de monter. » Albert Ferrasse a dirigé d'une main de fer la FFR entre 1968 et 1991. Pour moi, Blanco est le Ferrasse noir. Mais c'est Docteur Jekyll et Mister Hyde. Il peut se montrer très attachant, avenant et cordial tout en me conseillant un bon avocat quand Carl Hayman a été suspendu pour la finale du Top 14. Il m'a souhaité sincèrement la joie d'être un jour champion de France.

Finaliste de la première Coupe du monde en 1987, appelé 93 fois en sélections, Blanco a été un joueur remarquable. Philippe Saint-André m'avait indiqué en souriant que sur ses 32 essais avec le XV de France, 31 avaient été inscrits avec Jean-Luc Sadourny au poste d'arrière, un seul avec Blanco, qui ne faisait pas trop de passes...

Serge aime la vie, c'est un épicurien, un homme chaleureux. Quand vous jouez à Biarritz, il vous appelle systématiquement trois-quatre jours à l'avance pour vous inviter à dîner, vous demander dans quel hôtel vous logez et s'il peut vous aider. Il agit sans arrière-pensée. Il a de l'éducation, c'est aussi un passionné. Passer une soirée avec Serge est un régal et un plaisir, même si ses blagues sont à mes yeux totalement nulles, très « pipi-caca » et machistes... ce qui n'empêche pas les dirigeants de s'esclaffer dès qu'il ouvre la bouche. Il a une véritable cour autour de lui.

Nous entretenons des rapports honorables. Je ne serai jamais dans son cercle privé mais on se claque la bise. Je pense qu'il éprouve de la sympathie pour moi car je lui ai tenu tête, soulignant au hasard qu'il était compliqué de faire passer le BO pour un club pauvre alors qu'il a pour actionnaire Serge Kampf, dont une tribune à Aguilera porte le nom. Blanco doit penser que je suis un mal nécessaire mais, au moins, il me respecte, sans doute plus que ses courtisans. Impliqué, bosseur forcené, toujours disponible malgré ses affaires dans le centre de thalassothérapie à Hendaye, l'hôtellerie et la ligne de vêtements, il dégage une énergie peu commune pour faire avancer les dossiers. Il a une belle force de persuasion, il donne envie de le suivre. C'est indiscutablement un meneur d'hommes.

Mais je lui reproche une forme d'omnipotence. Blanco veut le bien du rugby, personne ne doute de sa sincérité. Mais les dictateurs aussi aiment leur pays ! En réunion à la Ligue, quand je partage son avis, ce qui est régulièrement le cas, je sais que j'ai davantage de chances d'être entendu.

Il se croit porteur de la bonne parole pour son sport. Si ses intentions semblent louables, je préférerais parfois plus de diversité. J'ai vu Blanco en colère, je sais de quoi il est capable pour obtenir ce qu'il réclame. En assemblée, il dit des choses sensées et intéressantes mais ce ton « écoutez la vérité » peut agacer. Lorsque Pierre-Yves Revol était le président de la LNR, Blanco le tutoyait et s'adressait à lui comme à un employé. Revol ne réagissait pas, ne s'en rendant même pas compte. Comme il connaît des indiscrétions sur tout le monde, il peut user de son influence pour décaler la date d'un match, changer un arbitre, obtenir la clémence pour un joueur. Je l'avais comparé à cet égard à Charles Pasqua lorsque celui-ci était ministre de l'Intérieur. Il en avait été vexé, pensant que je faisais allusion aux mises en examen de l'ancien gaulliste alors que, lui, n'a jamais été inquiété par la justice.

Blanco règne sur le rugby et feint de ne pas s'en rendre compte. J'avais par exemple trouvé bizarre, il y a quelques années, lorsqu'il a fallu renouveler pour le Top 14 les panneaux d'affichage électronique à technologie LED qui entourent les stades, que la proposition financière la moins onéreuse ne l'emporte pas. La Ligue nationale, dont il était encore le président, avait lancé un appel d'offres. Désireux de faire économiser de l'argent au rugby, j'avais trouvé un prestataire italien reconnu qui proposait des tarifs attractifs à qualité égale. Les sommes en jeu étaient importantes. Quand j'ai vu comment le marché a finalement été attribué, je ne peux que m'interroger. Mais je n'accuse personne...

13

Vacciné de la politique

À la maison, nous ne parlions pas de politique. Mon père avait toutefois imaginé une belle formule à propos de Jean-Marie Le Pen. Il disait : « Quand Le Pen parle, je comprends. Je comprends que je ne suis pas d'accord avec lui, mais je le comprends. Les autres, en revanche, je ne les comprends pas. » En 1995, à la stupéfaction générale, le Front national a ravi la mairie de Toulon. Oui, Toulon, préfecture du Var et fille de la Méditerranée, troisième ville de la région après Marseille et Nice, quinzième commune de France par sa population, dont on parlait si peu aux informations, ou alors sous un aspect guère flatteur.

Être toulonnais, c'est avoir grandi dans le quartier de Besagne et supporté l'anonymat de cette ville, qui n'avait que peu d'attraits : le Palais Neptune, le Zénith ou la traversée souterraine n'existaient pas.

Ce dimanche 25 juin 1995, jour de la fête des pères, Jean-Marie Le Chevallier, député européen, directeur de cabinet et ami personnel du président du FN – la famille Le Pen s'est réfugiée chez lui après l'attentat qui avait détruit leur appartement –, a remporté les élections. Il a succédé à François Trucy, l'ancien adjoint aux finances de l'UDF Maurice Arreckx, lequel a régné sur la ville de 1959 à 1985 comme maire, puis jusqu'en

1994 comme président du conseil général du Var, avant d'être incarcéré aux Baumettes pour des pots-de-vin... Comme Jacques Médecin à Nice, il avait instauré un système où l'argent circulait mais dont les effets étaient invisibles dans le décorum. C'était la République des copains et des coquins, avec la multiplication de petits arrangements, chacun ayant l'impression de bénéficier d'un petit avantage en nature. François Trucy a été victime de ce système[1].

Cette première élection d'un maire frontiste dans une ville de plus de 100 000 habitants a été une déflagration. Je l'ai rarement confié mais, durant sa mandature, Jean-Marie Le Chevallier avait demandé à me rencontrer. Je suis démocrate et, comme il n'a été élu ni par les armes ni par un putsch, j'ai honoré ce rendez-vous. Il s'est montré plutôt agréable, avec un côté « rigueur allemande » dans sa façon de parler. « On nous reproche d'être racistes et réactionnaires. Moi, par exemple, je ne suis pas favorable au mariage des prêtres. Et vous, qu'en pensez-vous ? » m'a-t-il interrogé. Je lui ai répondu que je n'en avais rien à cirer et que, si les curés voulaient convoler, ça ne me posait pas de problème. Puis Le Chevallier a ajouté : « Monsieur Boudjellal, que diriez-vous si vos parents avaient avorté ? » Je n'ai pas réagi.

Il a poursuivi en soulignant qu'il avait pour habitude de partager un whisky dans la demeure des Le Pen à Saint-Cloud. « Si vous voulez, un samedi, on peut prendre un verre chez lui... », a-t-il suggéré. L'approche était claire. Il avait sans doute besoin d'une caution et j'avais le profil de l'Arabe de service. Je ne l'ai pas laissé espérer : « Cela tombe mal, je n'aime pas le whisky. Et je n'aime pas Le Pen. »

1. Le Chevallier l'a également emporté car, dans le cadre d'une triangulaire, le candidat de la gauche, Christian Goux, s'est maintenu au second tour.

Il avait également tenté de courtiser mon ami Ahmed Touati : ce dernier a refusé la police municipale, il s'est retrouvé aux poubelles ! La première fois que j'ai rencontré Ahmed, nous avons manqué de nous mettre sur la gueule, surtout lui ! Notre rejet du Front national nous a rapprochés. Dès lors, nous nous sommes découvert une grande amitié. Sans connaître la même mésaventure qu'Ahmed, je n'ai pu que constater, après mon refus du whisky chez les Le Pen, que ma librairie La Bédule ne participait plus aux appels d'offres. J'étais soudainement exclu des marchés municipaux. Je m'en suis sorti autrement. Et cela ne m'a pas empêché de publier des livres d'investigation sur le FN ou sur l'assassinat de la députée Yann Piat, abattue en 1994.

J'ai moi-même tâté un peu de la politique. Mais j'ai été baladé. Éditeur en vue, j'ai été approché. J'ai cru aux sales rumeurs qui circulaient sur François Trucy alors que je sais désormais qu'elles sont infondées. Elles avaient été lancées pour le déstabiliser. Et j'ai battu campagne à gauche, pour le faire perdre. M'engager en faveur du Parti socialiste s'avérait logique : j'appartiens à la génération Mitterrand. J'ai voté pour lui en 1981, j'étais fasciné par sa culture, sa personnalité, sa vivacité d'esprit et sa stature d'homme d'État. Hélas, en découvrant le PS de Toulon, j'ai surtout été confronté à la médiocrité, à la faiblesse des débats eu égard aux enjeux de société. J'aspirais à donner un coup de main pour aider les gens à mieux respirer, moi qui vivais confortablement. Les autres désiraient vivre mieux grâce à la politique, la nuance est d'importance. Ils ne savaient pas faire fructifier 1 000 euros et ambitionnaient de gérer un budget de 100 millions d'euros. Persuadé qu'il fallait un minimum de notion d'économie, j'observais des élus ignorant l'existence des charges sociales et des réalités de l'économie, restés à la simple étape de la théorie, peu inquiets face aux dangers d'une mauvaise gestion, l'État étant là pour les couvrir et signer le chèque.

En plongeant dans cet univers, j'ai été confronté à des animateurs sociaux qui n'avaient trouvé qu'un seul boulot, le leur, à des colleurs d'affiches soudainement promus par excès de zèle, à des gens qui s'investissaient non par idéologie mais par opportunisme. En réunion, certains m'ont demandé dans quel parti ils devraient s'engager afin de se faire une place ! Jamais je n'ai entendu les mots « convictions » et « idées ». Malgré tout, je me suis laissé endoctriner.

Nous avons sacrifié la ville pour assouvir quelques ambitions personnelles. Le raisonnement de la gauche était celui-ci : si on se retire, ce sera un duel entre la droite et le FN ; et la pieuvre Arreckx régnera encore vingt ans. En revanche, si on se maintient, le Front national l'emportera et, sept ans plus tard, à la fin de son mandat, nous aurons de sérieuses chances de nous emparer de Toulon. Le choix socialiste de participer à la triangulaire, et donc sciemment de laisser les clés au Front national, a été révélateur de leur état d'esprit. J'étais énervé.

Jamais membre d'un parti, mon engagement militant, qui s'est accompagné d'un peu de financement, s'est arrêté là. Cela m'a vacciné. Pour ma seule incursion politique, le FN a été élu et, quand j'ai soutenu Ahmed Touati, qui s'est présenté localement, il n'a récolté que 69 voix ! Je ne suis pas bâti pour ça. J'ai depuis été approché par des personnalités qui, à Toulon et au plan national, ont souhaité mon soutien. Je n'ai pas donné suite.

La nuit où Le Chevallier a été désigné a été violente. Je côtoyais Laroussi Oueslati, président de l'université de Toulon, et nous avions l'impression qu'on nous traitait de sales Arabes ! Tout ce que la France comptait de frustrés était de sortie.

Je suis allé place de la Liberté assister à un meeting de Jean-Marie Le Pen, pour comprendre la fascination qu'il pouvait exercer. L'assistance réclamait la France aux Français plutôt que du pain ou du boulot. Quelques années plus tard, je passais des vacances en famille à Saint-Domingue, logeant dans la suite royale d'un hôtel. Le directeur est venu me demander de libérer la chambre au plus tôt car une personnalité politique de premier plan allait l'occuper. C'était Le Pen ! J'ai pris mon temps, refusé de quitter la suite avant l'heure convenue, assurant même que j'allais écouter du raï à fond...

Jean-Marie Le Pen est depuis tellement longtemps dans le paysage qu'il fait figure de vieux sage et je dois lui reconnaître un sens de la repartie fulgurant. Pour sa fille, s'appeler Le Pen à l'école n'a pas dû être rigolo tous les jours. Elle ne devait pas souvent être invitée aux anniversaires ! Il était préférable pour cela d'être la fille du président du RCT... Marine Le Pen est plus policée que son père, sa communication diffère. Mais elle serait bien emmerdée si elle avait le pouvoir. Je reproche à ce parti, lorsqu'il entend qu'un étranger a faim en France, de se focaliser sur le mot « France » au lieu de « faim ». Quelle que soit la partie du monde où il habite, mon problème n'est pas qu'il soit hors de France, « bouté », mais qu'il mange à sa faim. Le but du FN est d'ériger des murs avec la misère de la planète, comme si cela permettait de ne pas la repousser et de ne plus la voir. Mais la misère continuera malheureusement d'exister... Je suis conscient d'être né du bon côté du monde, d'autres n'ont pas eu cette opportunité. Monnayer une idéologie autour de cette chance-là me révulse.

Le FN a raison d'assurer qu'il existe des zones de non-droit et des complications dans les cités. Mais le problème est social, il ne concerne nullement la race. Il ne faut pas lutter contre l'origine de la population mais contre la pauvreté. Leurs solutions sont simplistes et réductrices. La France est une terre d'accueil, qui puise sa force dans le métissage et l'ouverture. Les États-Unis se sont construits dans ce melting-pot, chaque communauté apportant sa culture. Je ne vois pas de raison pour laquelle la France agirait différemment.

Je déplore que la machine à intégrer se soit arrêtée. Le FN a sa part de responsabilité dans le ressentiment identitaire. C'est pourquoi je n'étais pas mécontent, même si Le Chevallier avait quitté la mairie, de récupérer leurs bureaux pour installer Soleil ! J'ai loué les cinq étages et changé la décoration, affreuse. J'ai jeté l'affiche « La France tu l'aimes ou tu la quittes ». Nous avons simplement conservé en « souvenir » une porte remplie d'autocollants de groupuscules d'extrême droite de toute l'Europe avec leur ribambelle de slogans. Les premiers temps, lors de manifestations, les participants, ignorant que nous étions les nouveaux locataires, sifflaient en passant devant les bureaux, pensant que c'était le FN.

J'ai édité en novembre 1995 l'album *Charlie Hebdo saute sur Toulon*. Philippe Val en était le rédacteur en chef. De Cabu à Wolinski, ils étaient tous descendus ensemble pour la Fête du livre, où nous l'avions mis en vente en avant-première. Nous en avons écoulé des milliers, tout le monde se baladait en ville avec. Un concert de Renaud, qui collaborait avec eux, avait été organisé. Val avait accaparé la lumière, ne faisant pas monter Soleil sur scène. Il a voulu récupérer le truc mais avait mal lu le contrat ! Cela a jeté un froid. Depuis qu'il dirige France Inter, le côté révolutionnaire de cet excellent théoricien qui n'a jamais créé un emploi s'est assagi... Il s'écoute un peu parler mais c'est un gentil garçon. À l'occasion de ce spécial *Charlie Hebdo*, j'avais assisté à leurs réunions et eu plaisir à rencontrer des dessinateurs tels que Charb et Luz.

Redoutable orateur, Jean-Marie Le Pen a rarement été malmené. Excepté par Bernard Tapie pendant un fameux débat télévisé à l'été 1989 alors qu'il était jeune député. C'est dire si c'est un communicant exceptionnel. Je ne suis pas étonné que François Mitterrand ait été fasciné.

Avec Tapie, l'OM a remporté la Ligue des champions et, si les Bleus ont été champions du monde, Didier Deschamps et les autres peuvent lui dire merci, ce qu'ils ont fait d'ailleurs. Il a transmis au sport français sa culture de la gagne, démontré qu'il ne fallait nourrir aucun complexe. Et puis quel recruteur. Il se trompait rarement, en témoignent Chris Waddle ou Marcel Desailly, qu'il est allé chercher à Nantes. J'avais aussi été marqué par l'embauche de Franz Beckenbauer après la Coupe du monde 1990 victorieuse de l'Allemagne. Le Kaiser, plutôt inutile comme entraîneur, a étalé son aura et son prestige, instaurant un nouveau rapport de force face aux institutions. Quand une coupure de courant a interrompu OM-Milan AC, Tapie, malin, a tout de suite envoyé Beckenbauer pour peser sur la décision et voir l'arbitre, les Italiens assurant que ce n'était pas jouable. Et l'OM s'est qualifié... Ce jour-là, Beckenbauer a justifié son salaire.

Quant au match acheté face à Valenciennes, pour lequel il a fait de la prison, je pense qu'il aspirait surtout, à quelques jours de la finale, à se prémunir contre d'éventuelles blessures. Il n'avait pas besoin de payer les joueurs de VA pour les battre. Dans ses affaires, il n'a jamais emprunté d'argent public, n'en a volé à personne et, s'il a été hué quand il a fermé des entreprises et licencié, il aurait aussi fallu l'applaudir quand il a embauché. Enfin, qu'on le veuille ou non, il a fait gagner de l'argent au Crédit Lyonnais.

Tapie, dont j'apprécie les engagements, l'énergie et les intuitions, a enregistré à Toulon un numéro d'*Ambitions*, l'émission diffusée sur TF1 au milieu des années 1980 :

l'entrepreneur y aidait un jeune à mener à bien son projet professionnel. Je m'apprêtais à lancer Soleil et, à la fin du tournage, j'étais allé le trouver. « Monsieur Tapie, puis-je vous toucher, que vous me transmettiez le fluide de la chance ? » lui avais-je demandé. Il s'était arrêté et m'avait serré la main. Qu'il devienne patron de presse est une bonne chose. Il va faire bouger les choses à *La Provence*. Il ne serait pas un mauvais maire de Marseille s'il décidait de se présenter.

J'estime ne pas avoir de leçon à recevoir des hommes politiques. Ils veulent le pouvoir pour appliquer des choses qu'ils n'ont pas réussi à faire dans leur vie professionnelle. Néanmoins, certains ont une forme de sincérité et sont efficaces. J'ai eu un accrochage avec un élu, auquel j'ai fini par répondre : « La différence entre toi et moi, c'est que moi pour aider le pays je crée des emplois et de la richesse, alors que toi tu fais de la politique pour être payé par le pays. »

La plupart s'arc-boutent à leur siège, s'évertuent à préserver leurs acquis. Mais, rien qu'en regardant la courbe du chômage, ils devraient s'excuser de leur échec et démissionner. La classe politique – l'abolition des privilèges et la fin de la monarchie en 1789 ont consacré sa naissance – est médiocre. Elle n'a pas vu venir la crise et prétend nous en sortir. Elle pratique le consensus alors que les gens talentueux ne sont justement pas consensuels, mais individualistes et fonceurs. Dans l'hémicycle, ils feignent de s'opposer mais se retrouvent au bar de l'Assemblée à boire des coups, quand ce n'est pas davantage. Un ami m'a glissé : « Si les Français voyaient comment les hommes politiques vivent à l'Assemblée nationale, ils redescendraient dans la rue prendre la Bastille et couper des têtes ! »

Je suis favorable à un président de la République élu sept

ans, sans possibilité de se représenter. Dès qu'il est au pouvoir, il songe à sa réélection et n'ose pas prendre des mesures impopulaires qui feraient avancer le pays. Il y a pourtant tant à faire, à commencer par réformer le code civil – à quand l'incitation plutôt que la répression ? – et la fiscalité. Payer plus d'impôts que ce que je gagne serait la seule raison susceptible de me faire quitter la France. Je ne conçois pas que les créateurs d'emplois soient devenus les méchants alors que les politiques dilapident la monnaie : ce sont les ratés de l'entreprise. Ils ont des principes avec l'argent des autres mais sont beaucoup moins généreux avec le leur. La plupart des ministres sont nommés pour leur fidélité dans la campagne davantage que pour leurs compétences. Cela donne un gouvernement immature. Si Dominique Strauss-Kahn, dont j'estime les grandes qualités professionnelles, avait su tenir son sexe, il aurait été élu haut la main.

François Hollande a été désigné par défaut. Comment peut-il prétendre être un président normal alors que le pays a besoin d'un homme extraordinaire ? Malgré mon discours sur le monde du travail, j'ai une sensibilité de gauche. Hollande me semble sincère et honnête mais j'ai l'impression qu'il a été propulsé président par surprise. Il ne semble pas y croire lui-même, comme s'il était spectateur de sa vie et de son rôle. J'ai la nostalgie des grandes figures politiques, qui ont été pour moi, qu'importe leur couleur politique, Robert Badinter, Pierre Joxe, Simone Veil, Lionel Jospin, Hubert Védrine, Jack Lang, André Malraux ou même Roland Dumas, qui avait une vraie stature, comme Charles Pasqua à l'Intérieur.

L'antisarkozysme qui a favorisé la victoire de François Hollande était injustifié. Je n'ai pas aimé ce président de la République au début de son mandat. Avec le recul, je lui décerne plutôt de bons points. Son action sera à mon sens mieux jugée dans quelque temps : il va se « kennedyser », va être aimé des Français. Il est même en train de devenir beau gosse ! Nicolas Sarkozy est un personnage entier, qui vit les choses intensément. Il était programmé pour être président mais se pensait élu pour dix ans. Il s'est rendu compte en cours de route qu'il n'aurait pas le temps de mettre en place ce qu'il avait imaginé, l'erreur a été fatale, comme de conserver le même Premier ministre. En termes d'image, nommer Jean-Louis Borloo lui aurait fait du bien et l'aurait humanisé. Ils sont tellement antinomiques : nous aurions eu au sommet de l'exécutif un mix entre le bling-bling et l'inspecteur Columbo !

J'ai reçu un jour un coup de téléphone du préfet du Var. « Je ne peux pas encore vous le confirmer tout de suite mais le président de la République sera lundi à Toulon. Il souhaiterait vous rencontrer et visiter les bureaux de Soleil », m'a-t-il annoncé, réclamant le plus grand secret. Le soir même, le directeur de cabinet de Nicolas Sarkozy m'a contacté pour affiner la visite et me prévenir que, dès le lendemain, une équipe viendrait sécuriser les bureaux. J'ai réuni tout le monde, prévenu que la maison d'édition allait être fouillée et que les créatifs avaient intérêt à ranger ailleurs leurs herbes qui rendent créatifs ! Soleil a été sécurisé mais, finalement, le lundi, le président n'a pas effectué un crochet par nos locaux.

Nicolas Sarkozy est tout de même venu à Toulon. Cet après-midi de mars 2008, quelques semaines après avoir été distingué de l'Ordre national du mérite, j'ai participé à une table ronde, en présence notamment de Brice Hortefeux, ministre de l'Immigration, de l'Intégration, de l'Identité nationale et du Codéveloppement. Le thème était : « Immigration maîtrisée, intégration réussie ». Le débat avait lieu en public, au Palais des congrès. J'étais assis en face du président et il avait été brillant, très drôle. Son cerveau fonctionne très vite.

J'avais fait passer mes messages sur l'immigration. J'avais aussi précisé que j'appréciais peu la politique d'Hortefeux, ajoutant une note d'humour : « J'ai un ou deux joueurs étrangers sous contrat. Je n'ai pas le droit de les virer alors qu'ils ne jouent pas bien. Y aurait-il un moyen de s'arranger pour les expulser ? » Nicolas Sarkozy avait ri de bon cœur. Lorsqu'il était président, j'avais reçu une invitation pour l'Élysée. J'avais donné le joli carton à ma maman, qui a pu impressionner ses copines. J'ai pu mesurer l'importance du rugby car c'était essentiellement le fait d'être président du RCT qui m'avait valu cet honneur. Dans l'édition, j'étais à des années lumière d'Antoine Gallimard et d'Arnaud Nourry, PDG d'Hachette, qui, eux, n'étaient pas invités.

La première fois que je me suis rendu à l'Élysée, c'était à l'invitation de Jacques Chirac, pour qui j'avais voté en 2002 au deuxième tour, comme tout le monde. Un de ses directeurs de cabinet, originaire de Toulon – il y a toujours quelqu'un qui vient de Toulon ! –, m'avait permis de visiter le Palais et m'en avait expliqué le fonctionnement. Jacques Chirac m'avait épaté : je ne l'avais jamais rencontré et il m'a demandé comment j'allais depuis la dernière fois ! Il se déplaçait lentement mais, dès que la caméra tournait, il se redressait.

Les hommes politiques pour lesquels j'ai le plus d'estime sont ceux que la politique appauvrit plutôt qu'enrichit, ceux qui dans la société ont démontré des compétences pour créer de la richesse et qui se lancent en politique pour en faire profiter les autres.

Hubert Falco a une ambition réelle mais sincère pour Toulon. J'ai appris à le connaître depuis deux-trois ans. Il nous a déjà accompagnés en déplacement, portant le survêtement du club, partageant le repas avec les joueurs. C'est un vrai supporter du RCT. Un soir, il m'a appelé. Il était secrétaire d'État et voulait savoir si nous avions battu Perpignan ! Il se plaignait de ne pas avoir pu suivre le match à cause d'un rendez-vous avec le Premier ministre chinois. Il le maudissait. J'espère qu'il n'était pas en face de lui, sinon il y aurait eu un incident diplomatique ! Il n'y avait aucune frime dans ce que disait Hubert Falco. Je ne conçois l'engagement politique qu'avec sincérité.

J'y plongerai à mon tour uniquement si je possède un véritable projet pour améliorer le quotidien des gens ; cela n'est pas encore le cas. Maire de Toulon ? Je n'en ai pas les compétences. Il faudrait posséder une vision pour la ville et son développement, que je n'ai pas. Et puis ce n'est pas le genre de pouvoir qui m'intéresse. J'ai besoin de ma liberté d'action et de parole. Maire, vous avez des comptes à rendre. Je ne veux pas dépendre de la *vox populi*. Je préfère être le bienfaiteur de 14 000 personnes qui vibrent à Félix-Mayol.

Mais, avant de faire la fête, j'ai un truc en tête : ramener à Toulon ce bouclier de Brennus qu'aucun président ne veut plus que moi. Je suis un vendeur de bonheur, constamment à la recherche d'émotions. Éditeur, j'ai connu toutes les joies que l'on est en droit d'espérer. Adulte, on ne nourrit plus de rêves d'enfant. On se contente d'espoirs et d'ambitions, c'est dommage. J'ai encore des rêves à accomplir, de ceux qui procurent une éternelle jeunesse. Mon rêve d'adulte à moi, c'est le Brennus.

Table